marabout**chef**

120 recettes pour rester mince

maraboutchef

120 recettes pour rester mince

pour vous mettre en appétit...

8

Pancakes aux pommes
et à l'avoine

13

Porridge aux poires pochées
et myrtilles

16

Rochers aux fruits secs

19

Œufs pochés sur pain au levain

25

Salade de thon

41

Sandwich aux légumes verts

46

Soupe de maïs au poulet

60

Tortillas de poulet laqué
et salade de cresson

Les bases de la cuisine minceur

Une alimentation pauvre en graisses ne signifie pas une alimentation sans graisses ! Notre corps a besoin d'une certaine quantité de matières grasses ; c'est essentiel pour la santé, l'énergie, les cheveux et le teint. Mais nous en consommons souvent beaucoup plus que nécessaire. Même si vous n'avez pas de kilos à perdre, consommez moins de matières grasses saturées : produits laitiers entiers, graisses animales, noix de coco, huile de palme et chocolat.
Certains experts du cœur recommandent une consommation journalière de matières grasses correspondant à 25 ou 30 % de l'apport calorique. Soit 65 g pour les hommes et 50 g pour les femmes, en limitant au maximum les graisses saturées !

Manger léger

Évitez les plats à emporter, ainsi que les gâteaux et biscuits industriels. Mangez moins de viande et augmentez votre consommation de poisson, y compris en conserve. Évitez toujours la peau du poulet et remplacez le lait entier et ses dérivés par des produits allégés. Cuisinez avec de l'huile d'olive, et n'oubliez jamais que les fruits, les légumes, le pain et les céréales devraient former la majeure partie de votre alimentation. Rassurez-vous, manger moins gras ne vous condamne ni à une alimentation insipide ni à passer des heures à préparer des repas sophistiqués. Soyez curieuse, restez gourmande de bonnes choses, brodez sur les recettes proposées ici, et vous pourrez très vite faire découvrir à vos convives une cuisine savoureuse et peu calorique qui ne vous prendra pas beaucoup de temps !

Le placard à provisions

Pour éviter de recourir aux plats tout prêts, souvent trop riches et chers, ayez toujours un placard bien garni. Faites de même avec le congélateur et le réfrigérateur, en surveillant toutefois attentivement les dates limites de consommation.

- Condiments et épices sont les clés du succès pour cuisiner léger et savoureux. Ayez toujours sous la main quelques ingrédients de base : ail, gingembre, piments rouges, fines herbes et épices, moutarde, jus de citron, sauce de soja, sauce Teriyaki, sauce Worcester, vinaigres aromatiques, sauce d'huîtres...

Les indispensables

Ces ustensiles vous aideront à cuisiner léger.

- Les poêles à fond épais antiadhésif, les woks et les plats à four facilitent la cuisine et la vaisselle.
- Les marmites vapeur (bambou ou inox) et le four micro-ondes évitent les matières grasses. Ils sont fameux pour le poisson et les légumes.
- Le gril en fonte ou le barbecue permettent de cuisiner les viandes sans graisses, tout en leur conservant beaucoup de saveur.
- Le papier sulfurisé est idéal pour éviter de graisser les moules à tartes ou à gâteaux et les plaques. À utiliser également pour les cuissons en papillotes, légères et très savoureuses.
- Dans certains grands magasins, on trouve de l'huile en spray. Ce conditionnement permet de graisser sans excès vos ustensiles, juste assez pour empêcher les aliments de coller. À défaut, vous pouvez mettre de l'huile au fond de votre plat et l'étaler avec un essuie-tout, en éliminant le surplus.

Cuisiner léger

- Mesurez toujours la quantité d'huile que vous mettez dans la poêle.
- Éliminez la cuisson en friture ! Faites rôtir les aliments à four chaud (220 °C ; th. 6) sur une plaque recouverte de papier sulfurisé. Ou cuisez-les d'abord à la vapeur ou au micro-ondes, puis passez-les au four après les avoir très légèrement huilés. Cette méthode convient particulièrement aux pommes de terre et aux légumes à racines.
- Faites revenir les aliments dans un wok ou une poêle antiadhésive.
- Chauffez la poêle ou le gril avant d'y verser l'huile ; elle s'étalera plus vite et vous en mettrez moins.
- Quand vous cuisinez à la poêle, pensez à remplacer l'huile par du bouillon, de l'eau, du jus de viande ou du vinaigre aromatique. Au besoin, déglacez dès que les aliments attachent.
- Faites rôtir la viande sur une grille, dans un plat à four, pour faire s'écouler la graisse.
- Ôtez tout le gras de la viande avant de la faire cuire.
- Préparez les ragoûts et les soupes la veille, puis mettez-les au réfrigérateur. Enlevez la graisse solidifiée avant de réchauffer.
- Épaississez les sauces avec des purées de légumes ; gardez-en toujours un peu au congélateur à cet effet.

Les substituts allégés

Ne vous privez pas totalement de matières grasses, mais remplacez les aliments trop gras par un substitut allégé.

- Remplacez crème et crème glacée par du lait concentré non sucré glacé et fouetté (servi immédiatement) ou de la ricotta allégée fouettée, saupoudrée de sucre glace.
- Remplacez les yaourts entiers et la crème fraîche par du babeurre ou des yaourts allégés.
- Utilisez de la pâte filo au lieu d'une pâte sablée ou feuilletée. Vaporisez chaque feuille avec un peu d'eau.
- Dans vos vinaigrettes, remplacez la moitié de l'huile par une quantité équivalente d'eau ou de bouillon. On peut également remplacer intégralement l'huile par du bouillon, mais le résultat est moins savoureux.
- Faites votre crème de coco allégée. Délayez de la noix de coco en poudre dans du lait écrémé. Laissez tremper 30 minutes, puis égouttez au-dessus d'un bol ; jetez la noix de coco. Vous pouvez aussi verser quelques gouttes d'essence de noix de coco dans du lait concentré allégé.
- Remplacez le beurre et la margarine par de la margarine allégée ou du fromage blanc allégé.
- Quand vous achetez de la mayonnaise industrielle ou n'importe quelle sauce toute prête, choisissez de préférence des produits allégés.
- Choisissez de préférence des fromages savoureux. Une petite quantité de parmesan donne ainsi deux fois plus de goût que n'importe quel autre fromage !

Gagner du temps

- Utilisez de l'ail, du gingembre, du piment, etc., en poudre ; vous pouvez aussi en préparer une grande quantité et congeler ce qui reste après usage.
- Demandez à votre boucher d'enlever tout le gras visible de la viande que vous lui achetez.
- Si possible, doublez les doses de la recette et congelez ce qui reste pour un prochain repas.
- Coupez la viande à l'avance, en bâtonnets ou en cubes, et congelez-la en portions individuelles, faciles à décongeler au moment voulu.

La cuisine au micro-ondes

Apprenez à utiliser intelligemment votre four micro-ondes. Il peut faire mieux que réchauffer et décongeler. C'est l'appareil idéal pour cuire vite et sans graisses. Il se nettoie d'un coup de chiffon !

- Congelez les restes de pâtes et de riz ; ils se réchaufferont vite et bien au micro-ondes.
- Une idée de repas léger : sans l'éplucher, piquez une grosse pomme de terre (200 g) et faites-la cuire 4 ou 5 minutes sur puissance maximum.

Mangez des fibres en privilégiant les fruits frais (les jus de fruits pressés sont moins intéressants de ce point de vue), les légumes mais aussi les légumineuses.

Garnissez-la d'un mélange fromage blanc allégé et de fines herbes. Si vous aimez la peau grillée, passez la pomme de terre cuite quelques minutes au four traditionnel.

- Pour les petits creux, pensez au pop-corn, riche en fibres et pauvre en graisses. Mettez 65 g de maïs à éclater dans un petit sac en papier. Fermez l'ouverture, sans trop serrer. Faites cuire 5 minutes au micro-ondes sur puissance moyenne, jusqu'à ce que le maïs ait éclaté. Sortez le sac avec des pincettes et laissez refroidir 2 minutes avant d'ouvrir. Saupoudrez de sel (facultatif) et servez.
- Pour un taboulé minute : mettez 80 g de boulghour dans un bol à micro-ondes et recouvrez d'eau. Faites cuire 1 minute (puissance maximum). Égouttez sur du papier absorbant.
- Facilitez-vous la tâche : pour préparer plus aisément un potiron, coupez-le en deux ou trois grosses parts, que vous faites cuire 2 minutes au micro-ondes (puissance maximum).
- Une recette rapide et sympathique : faites cuire un épi de maïs au micro-ondes sans ôter la feuille, en le laissant environ 4 minutes sur puissance maximum.

CONSERVATION DES ALIMENTS AU CONGÉLATEUR	
Viande et volaille	*4 à 6 mois*
Hachis de viande ou volaille	*2 mois*
Poisson à l'huile	*3 mois*
Poisson blanc	*6 mois*
Crustacés	*2 mois*
Fruits et légumes	*6 mois*
Riz et pâtes cuits	*2 mois*
Crème, fromage, lait	*2 à 3 mois*
Beurre, margarine	*6 mois*
Ragoûts, soupes, tartes	*3 mois*
Gâteaux, biscuits, pains	*3 à 4 mois*
Œufs	*6 mois*

Bougez sans y penser

Faire de l'exercice ?
Nous en connaissons tous les bienfaits : on se sent mieux après, bouger réduit les risques d'accidents cardiaques et de problèmes de circulation, notre poids est plus facile à contrôler, notre silhouette plus agréable à regarder... Mais de là à sauter le pas...
Régulièrement, le printemps nous retrouve tout plein de bonnes résolutions pour faire du sport. À nous les gymnases et les bassins de natation. Mais on n'aime guère les vestiaires des salles de gym, on n'a pas trop envie de se jeter à l'eau, on ne prend même pas le temps d'une bonne marche dans la campagne.
Et puis, avouons-le, le sport, ce n'est pas vraiment notre truc et très vite on s'y rend sans plaisir. Pas de panique : tous les jours, on fait sans s'en rendre compte un peu d'exercice. Voici quelques trucs pour se dépenser plus et mieux sans y penser, en changeant simplement quelques habitudes. Suivez ces quelques conseils et gardez la forme !

À la maison

- Le ménage est toujours l'occasion de brûler quelques calories. Mettez à fond un disque de musique entraînante et dépoussiérez en rythme et dans la bonne humeur.
- Prenez le temps de mélanger, battre et fouetter les ingrédients à la main plutôt qu'au mixeur ; c'est un bon exercice pour les muscles de la main et du bras, et ça défoule !
- Soyez moins organisé qu'à votre habitude : pour mettre la table, faites un premier tour pour les fourchettes, un autre pour les couteaux, un autre encore pour les verres, et ainsi de suite. Variez en marchant sur la pointe des pieds, en vous accroupissant, en sautant à cloche-pied... Avec un peu de chance, vos enfants auront soudain très envie de vous aider.
- À chaque fois que vous devez saisir un objet en hauteur (prendre la boîte de petits pois tout en haut du placard, décrocher le linge sur le séchoir), dressez-vous sur la pointe des pieds et étirez vos bras. Profitez-en pour respirer à fond.
- Séance de télévision : faites des cercles jambes tendues, même chose avec les bras. Cachez la télécommande et levez-vous pour changer de chaîne ou baisser le son. Pendant les publicités, marchez et étirez-vous.
- Au lieu d'inviter vos amis autour d'un thé, proposez-leur un tour du parc de votre quartier ; cela ne vous empêchera pas de discuter, et vous découvrirez sans doute des endroits charmants.

Les courses

- Garez-vous loin sur le parking et marchez jusqu'au supermarché.
- Allez remettre votre Caddie le plus loin possible de votre voiture.
- Prenez l'escalier plutôt que l'ascenseur ou l'escalator.
- Si vous habitez en ville, emmenez vos enfants à pied à leurs activités en choisissant un itinéraire agréable : un quart d'heure de marche n'a jamais fait de mal à personne et c'est l'occasion d'une jolie complicité sans stress et en flânant.

Dans votre voiture

- Mettez la radio et tapez des mains en rythme sur le volant.
- Si vous roulez en automatique, faites des petits cercles avec votre jambe gauche ou tapez du pied en rythme.
- À chaque feu rouge, profitez-en pour faire quelques exercices en poussant ou tirant le volant, ou en agrippant le volant puis en relâchant les mains.

Au bureau

- Descendez du bus un arrêt avant votre arrêt habituel et faites le reste du trajet à pied.
- Descendez de l'ascenseur un étage avant le vôtre et montez à pied. Vous aurez vite envie d'augmenter le nombre d'étages à pied : soyez-en fier.
- Laissez des chaussures confortables au bureau et allez vous promener dans un parc pendant la pause déjeuner.
- Allez faire du lèche-vitrines, ce a vous fera marcher un peu sans rien vous coûter, sauf quelques calories !
- Dépassez la boulangerie du coin où vous achetez votre sandwich tous les jours, et partez à la découverte d'autres endroits pour manger.
- Mettez votre corbeille à papiers à l'autre bout de votre bureau et levez-vous quand vous avez quelque chose à jeter… en résistant à l'envie de vous prendre pour un basketteur !

N'en faites pas une montagne !

On a longtemps cru qu'il fallait faire de la gymnastique intensive au moins une demi-heure trois ou quatre fois par semaine. Oubliez ces calculs culpabilisants, avec quelques exercices de dix minutes par-ci par-là dans la journée, vous atteindrez la demi-heure quotidienne qui contribue à votre forme. Inutile de vous épuiser : il suffit que votre respiration soit un peu plus appuyée que la normale.
Pas besoin non plus de se mettre en jogging : balayer ou jardiner pendant une demi-heure permet de brûler 350 kJ. Faites le calcul : un coup de râteau quotidien vous ferait perdre 124 000 kJ par an, ce qui équivaut à 3 kg de graisse ! Alors à votre jardin !

Petit déjeuner et brunch

472 kcal

Pancakes aux pommes et à l'avoine

Pour 4 personnes

Préparation 10 minutes
Réfrigération 30 minutes • Cuisson 15 minutes

500 ml de lait écrémé
120 g de son d'avoine
75 g de farine
2 c. s. de sucre roux
½ c. c. d'épices mélangées
2 œufs
1 grosse pomme pelée, épépinée et émincée
1 c. s. de jus de citron
175 g de miel
100 g de ricotta allégée

1. Au robot ou au batteur électrique, mélangez le lait, le son d'avoine, la farine, le sucre, les épices et les œufs jusqu'à obtention d'un mélange homogène. Versez cette pâte dans un récipient. Incorporez les pommes et le jus de citron, couvrez et réservez 30 minutes au réfrigérateur (la pâte va se défaire légèrement au repos).

2. Faites chauffer une poêle légèrement huilée. Remuez la pâte pour la rendre à nouveau homogène. Faites couler 2 petites louches de pâte dans la poêle en prenant soin que les disques ne se touchent pas (attention, la pâte est assez liquide) et faites-les cuire jusqu'à ce que de petites bulles se forment à la surface. Retournez-les et faites-les dorer sur l'autre face puis sortez-les de la poêle. Répétez l'opération jusqu'à épuisement de la pâte. Vous devriez obtenir 12 pancakes.

3. Répartissez les pancakes sur les assiettes, nappez-les de miel et garnissez-les d'une petite cuillerée de ricotta.

570 kcal

Muffins au gingembre et poires au sirop

Pour 6 personnes

Préparation 25 minutes
Réfrigération 12 heures • Cuisson 30 minutes

3 c. c. de gingembre moulu
100 g d'abricots secs grossièrement hachés
95 g de figues sèches grossièrement hachées
95 g de céréales All-Bran
375 ml de lait écrémé
275 g de sucre roux
115 g de sirop de sucre roux
185 g de farine à levure incorporée
35 g de noix de pécan grillées concassées
3 poires moyennes, pelées, épépinées et coupées en 8
1 c. s. de sucre glace

1. Mélangez le gingembre, les abricots, les figues, les céréales, le lait, le sucre roux et la moitié du sirop de sucre roux dans un saladier. Couvrez et réservez une nuit au réfrigérateur.

2. Préchauffez le four à 180 °C (th 6). Graissez légèrement six moules à muffins.

3. Incorporez la farine et les noix de pécan dans la préparation aux fruits secs et répartissez le mélange dans les moules. Faites cuire au four 30 minutes. Laissez reposer les muffins 5 minutes avant de les démouler sur une grille.

4. Pendant la cuisson des muffins, mélangez les poires, le reste de sirop de sucre roux et 25 cl d'eau dans une poêle. Laissez frémir 15 minutes à couvert. Les poires doivent être tendres. Saupoudrez de sucre glace et servez les muffins avec les poires au sirop.

Conseil *Nous vous conseillons de préparer la pâte à muffins la veille.*

249 kcal

Muffins à la banane

Pour 12 pièces

Préparation 20 minutes • Cuisson 20 minutes

280 g de farine complète à levure incorporée
165 g de sucre roux
2 bananes bien mûres écrasées
1 œuf légèrement battu
250 ml de babeurre
60 ml d'huile végétale

Garniture

90 g de flocons d'avoine
1/2 c. c. de noix de muscade moulue
2 c. s. de miel

1. Préchauffez le four à 200 °C (th. 6-7). Graissez légèrement 12 moules à muffins.

2. Préparez la garniture : concassez les flocons d'avoine et mélangez-les dans un bol avec la noix de muscade et le miel.

3. Tamisez la farine et le sucre dans un saladier. Incorporez la banane, l'œuf, le babeurre et l'huile. Répartissez cette préparation dans les moules et saupoudrez avec la garniture. Faites cuire les muffins 20 minutes au four puis laissez-les reposer 5 minutes avant de les démouler. Laissez-les refroidir sur une grille en métal.

199 kcal

Scones aux myrtilles

Pour 8 pièces

Préparation 10 minutes • Cuisson 20 minutes

300 g de farine à levure incorporée
2 c. s. de sucre glace
310 ml de babeurre environ
150 g de myrtilles
200 g de fromage blanc à la vanille

1. Préchauffez le four à 220 °C (th. 7-8). Graissez un moule à génoise de 20 cm de diamètre.

2. Tamisez la farine et le sucre dans un saladier puis incorporez le babeurre pour former une pâte épaisse (procédez par petites quantités ; vous n'utiliserez peut-être pas tout le babeurre). Ajoutez les myrtilles et remuez.

3. Travaillez la pâte sur une surface légèrement farinée pour obtenir une pâte lisse et souple. Abaissez-la à une épaisseur de 3 cm. À l'aide d'un emporte-pièce, découpez huit disques de 5,5 cm de diamètre. Disposez-les dans le moule en les faisant se toucher légèrement puis faites-les cuire 20 minutes au four. Sortez-les du moule et laissez-les refroidir sur une grille. Servez avec du fromage blanc à la vanille.

Muesli à la pêche

Pour 4 personnes

Préparation 25 minutes
Réfrigération 12 heures

220 g de muesli naturel
330 ml de jus de pomme
200 g de yaourt allégé
185 g de pêches séchées grossièrement hachées
2 c. s. de miel
180 ml de lait écrémé
1 poire moyenne pelée et râpée
1 grosse pêche détaillée en quartiers
15 g de noix de coco grossièrement râpée, grillée

1. Mélangez le muesli, le jus de pommes, le yaourt, les pêches, le miel et le lait dans un grand saladier. Couvrez et réservez une nuit au réfrigérateur.

2. Incorporez les poires dans cette préparation. Servez le muesli garni de quartiers de pêche et saupoudré de noix de coco.

Muesli à la pomme et aux myrtilles

Pour 1 personne

Préparation 10 minutes • Réfrigération 1 heure

2 c. à s. de flocons d'avoine
80 ml de jus de pomme frais + 1 c. à s. pour servir
1 pomme grossièrement râpée
50 g de myrtilles + 1 c. à s. pour décorer
95 g de yaourt au lait de brebis

1. Mélangez dans un saladier les flocons d'avoine et le jus de pomme. Couvrez et laissez reposer 1 heure au réfrigérateur pour que les flocons puissent gonfler. Ajoutez alors la pomme, les myrtilles et le yaourt.

2. Servez ce muesli nappé de jus de pomme et décoré de myrtilles.

Porridge de riz à la compote de fruits secs

Pour 4 personnes

Préparation 10 minutes • Trempage 12 heures
Cuisson 25 minutes

75 g de flocons de riz
250 ml de lait écrémé

Compote de fruits secs
1 gousse de vanille
625 ml d'eau
75 g d'abricots secs grossièrement hachés
75 g de poires séchées grossièrement hachées
50 g de pêches séchées grossièrement hachées
2 c. s. de miel
1 c. c. de zeste de citron finement râpé
1 bâton de cannelle

1. Mélangez les flocons de riz et 375 ml d'eau froide dans un saladier et laissez reposer une nuit.

2. Préparez la compote de fruits secs.

3. Transférez les flocons de riz non égouttés dans une casserole et portez à ébullition, tout en remuant. Ajoutez le lait, réduisez le feu et laissez frémir 10 minutes. Servez le porridge accompagné de la compote.

Porridge aux poires pochées et myrtilles

Pour 1 personne

Préparation 10 minutes • Cuisson 10 minutes

30 g de flocons d'avoine
1 petite poire évidée et grossièrement hachée
2 c. à s. de myrtilles décongelées

1. Faites chauffer 180 ml d'eau dans une casserole, versez les flocons d'avoine en pluie et laissez cuire 5 minutes en remuant. Le porridge doit prendre une consistance crémeuse.

2. Mettez la poire en morceaux dans une petite casserole, versez 125 ml d'eau froide et portez à ébullition. Réduisez le feu et laissez mijoter 5 minutes sans couvrir (la poire doit être tendre).

3. Garnissez le porridge de poire chaude et de myrtilles, nappez d'un peu de liquide de cuisson de la poire et dégustez sans attendre.

167 kcal

Soufflés à la compote de fruits rouges

Pour 4 personnes

Préparation 10 minutes • Cuisson 15 minutes

1 c. s. de sucre en poudre
2 œufs, blancs et jaunes séparés
80 g de sucre glace
2 blancs d'œufs

Compote de fruits rouges

75 g de fruits rouges surgelés
2 c. s. de jus d'orange
1 c. s. de sucre en poudre

1. Préparez la compote de fruits rouges : mélangez les fruits rouges, le jus d'orange et le sucre en poudre dans une casserole. Portez à ébullition puis réduisez le feu et laissez frémir 2 minutes à découvert.

2. Préchauffez le four à 180 °C (th. 6). Graissez légèrement quatre ramequins. Saupoudrez-en l'intérieur de sucre en poudre puis tapotez pour enlever l'excédent. Placez les ramequins sur la grille du four.

3. Dans un grand saladier, mélangez soigneusement deux jaunes d'œufs et 2 cuillerées à soupe de sucre glace.

4. Montez les 4 blancs d'œufs en neige puis incorporez petit à petit le sucre glace sans cesser de fouetter. Le mélange doit être ferme. Incorporez-le délicatement aux jaunes d'œufs sucrés en procédant en deux fois.

5. Répartissez la préparation dans les ramequins et faites cuire environ 12 minutes au four ; les soufflés doivent gonfler et dorer légèrement en surface. Saupoudrez du sucre glace tamisé, si vous le souhaitez, et servez accompagné de compote de fruits rouges.

223 kcal

Cake au rhum et aux raisins secs

Pour 12 personnes

Préparation 30 minutes • Repos 2 heures
Cuisson 45 minutes

125 g de raisins secs finement hachés
60 ml de rhum brun
110 g de sucre en poudre
1 œuf
1 c. c. d'extrait de vanille
2 c. s. de sirop de sucre roux
80 g de beurre fondu
180 ml de babeurre
150 g de farine à levure incorporée
2 c. s. de cacao en poudre
¼ de c. c. de noix de muscade moulue
65 g de pépites de chocolat noir

1. Préchauffez le four à 180 °C (th. 6). Graissez un moule à cake et chemisez le fond et les côtés de papier sulfurisé. Laissez ce dernier dépasser de 5 cm sur les grands côtés.

2. Mélangez les raisins secs et le rhum dans un bol. Couvrez et laissez reposer 2 heures.

3. Travaillez le sucre, l'œuf, l'extrait de vanille et le sirop de sucre au batteur électrique pour obtenir un mélange épais.

4. Transférez cet appareil dans un récipient plus grand avant d'y ajouter le beurre, le babeurre, la farine, le cacao et la noix de muscade puis les pépites de chocolat et les raisins au rhum.

5. Étalez la pâte dans le moule et faites-la cuire 45 minutes au four. Laissez reposer le cake 10 minutes avant de le démouler. Laissez-le refroidir sur une grille. Découpez-le en tranches fines pour servir.

135 kcal

Rochers aux fruits secs

Pour 20 rochers

Préparation 15 minutes • Cuisson 15 minutes

300 g de farine à levure incorporée
¼ c. c. de cannelle moulue
90 g de beurre froid en petits morceaux
75 g de sucre en poudre
75 g de raisins secs
75 g d'abricots secs grossièrement hachés
75 g d'airelles séchées
1 œuf légèrement battu
125 ml de lait
1 c. s. de sucre cristallisé

1. Préchauffez le four à 200 °C (th. 6-7). Graissez deux plaques de cuisson.

2. Mélangez la farine et la cannelle dans un saladier. Incorporez le beurre en travaillant le mélange du bout des doigts puis ajoutez le sucre, les raisins secs, les abricots, les airelles, l'œuf et assez de lait pour obtenir une pâte homogène.

3. Répartissez des petits tas de pâte sur les plaques de cuisson en les espaçant bien, saupoudrez de sucre cristallisé et faites cuire 15 minutes au four, jusqu'à ce que les rochers soient bien dorés. Décollez-les légèrement à la spatule avant de les laisser refroidir sur les plaques.

Bruschette à la fraise, à la banane et à la ricotta

Pour 4 personnes

Préparation 15 minutes • Cuisson 10 minutes

8 tranches de pain ciabatta
200 g de ricotta allégée
2 c. s. de miel
1 c. c. de zeste d'orange finement râpé
¼ c. c. de cannelle moulue
125 g de fraises en tranches fines
1 petite banane en tranches fines
2 c. s. de sucre roux

1. Préchauffez le gril du four. Dans un petit saladier, mélangez la ricotta, le miel, le zeste d'orange et la cannelle au batteur électrique jusqu'à l'obtention d'un mélange homogène.

2. Mettez les tranches de fraises et de banane avec le sucre dans une petite poêle ; laissez chauffer à feu doux jusqu'à dissolution du sucre.

3. Pendant ce temps, faites griller le pain sur les deux faces. Garnissez les toasts de mélange à la ricotta, répartissez-les dans les assiettes et décorez de tranches de fraises et de banane au sucre.

Bruschette au saumon fumé, au fromage frais et à la roquette

Pour 4 personnes

Préparation 15 minutes • Cuisson 5 minutes

80 g de fromage frais allégé
1 échalote finement émincée
2 c. c. de jus de citron
½ c. c. de moutarde de Dijon
1 c. s. de câpres égouttées, rincées et grossièrement hachées
8 tranches de pain au levain
30 g de roquette
200 g de saumon fumé en tranches

1. Préchauffez le gril.

2. Mélangez le fromage frais, l'échalote, le jus de citron, la moutarde et les câpres dans un bol.

3. Faites dorer les tranches de pain au four sur les deux faces puis tartinez-les de la préparation au fromage. Répartissez-les dans les assiettes et garnissez de roquette et de saumon.

Œufs pochés sur pain au levain

Pour 4 personnes

Préparation 5 minutes • Cuisson 15 minutes

4 œufs
8 tranches de prosciutto
50 g de jeunes pousses d'épinards
4 tranches de pain au levain

1. Préchauffez le gril. Versez de l'eau dans une poêle jusqu'à mi-hauteur et portez à ébullition. Cassez les œufs un à un dans une tasse et faites-les glisser dans la poêle. Portez à nouveau l'eau à ébullition. Couvrez, éteignez le feu et laissez reposer 4 minutes. Un léger film doit se former autour des jaunes. Sortez les œufs un à un et épongez-les.

2. Pendant la cuisson des œufs, étalez les tranches de prosciutto dans un plat et passez-les sous le gril préchauffé. Faites cuire les épinards à l'eau ou à la vapeur. Égouttez-les et pressez-les entre vos paumes de main pour en extraire toute l'eau.

3. Disposez les tranches de pain sur les assiettes de service et répartissez dessus la moitié du prosciutto, les épinards et les œufs pochés. Couvrez chaque toast avec une tranche de prosciutto.

Toasts aux champignons

Pour 4 personnes

Préparation 10 minutes • Cuisson 20 minutes

30 g de beurre
200 g de champignons bruns suisses grossièrement émincés
100 g de champignons shiitake frais finement émincés
200 g de champignons de Paris coupés en deux
100 g de pleurotes
1 gousse d'ail pilée
60 ml de bouillon de bœuf
8 tranches de pain ciabatta
1 petite poignée de persil plat grossièrement ciselé
1 petit bouquet de ciboulette grossièrement ciselée

1. Préchauffez le gril. Faites fondre le beurre dans une grande poêle et laissez revenir les champignons et l'ail pendant 5 minutes, tout en remuant. Arrosez de bouillon, portez à ébullition puis réduisez le feu et laissez mijoter 10 minutes.

2. Faites griller les tranches de pain des deux côtés et répartissez-les dans les assiettes. Incorporez les herbes dans les champignons et servez cette préparation sur les toasts.

247 kcal

Haricots borlotti au sirop d'érable et au bacon

Pour 4 personnes

Préparation 10 minutes
Trempage 12 heures environ • Cuisson 1 h 40

200 g de haricots borlotti
3 tranches de bacon sans la couenne, grossièrement hachées
1 oignon brun moyen finement haché
1 gousse d'ail pilée
1 c. s. de purée de tomates
425 g de tomates concassées en boîte
1 c. s. de sauce Worcestershire
2 c. c. de moutarde de Dijon
2 c. s. de sirop d'érable

1. Laissez tremper les haricots une nuit entière dans l'eau, dans un saladier.

2. Faites dorer le bacon, l'oignon et l'ail dans une grande poêle légèrement huilée, en remuant. Quand l'oignon a fondu, ajoutez les haricots rincés et égouttés, la purée de tomates, les tomates en boîte avec leur jus, 50 cl d'eau, la sauce Worcestershire et la moutarde. Portez à ébullition puis réduisez le feu, couvrez et laissez mijoter 1 h 30. Juste avant de servir, incorporez le sirop d'érable aux haricots bien chauds.

Conseil *On peut faire tremper les haricots le matin pour les préparer le soir et les réchauffer le lendemain matin pour le petit-déjeuner.*

148 kcal

Œufs à la mexicaine

Pour 4 personnes

Préparation 10 minutes • Cuisson 30 minutes

1 petit oignon rouge finement haché
4 tomates moyennes concassées
1 c. s. de vinaigre balsamique
1 poivron rouge moyen finement haché
4 œufs
4 tortillas de maïs

1. Faites dorer l'oignon dans une poêle antiadhésive légèrement huilée avant d'ajouter les tomates, 2 cuillerées à soupe d'eau et le vinaigre balsamique. Portez à ébullition puis réduisez le feu et laissez mijoter 15 minutes en remuant de temps en temps. Incorporez alors les poivrons et poursuivez la cuisson 5 minutes.

2. Avec le dos d'une grosse cuillère en bois, formez quatre puits dans la préparation à la tomate. En travaillant vite, cassez les œufs un à un dans une tasse puis faites-les glisser délicatement dans les puits. Couvrez et laissez cuire 5 minutes à feu doux.

3. Répartissez les tortillas chaudes (réchauffez-les au four) sur les assiettes de service. Avec une grande spatule, transférez délicatement les œufs et la préparation à la tomate sur les tortillas. Dégustez sans attendre.

Déjeuner au bureau

399 kcal

Salade de betterave, haricots, feta et menthe

Pour 1 personne

Trempage 12 heures • Préparation 10 minutes • Cuisson 50 minutes

50 g de haricots cannellini
1 betterave en dés de 3 cm
1 c. à c. d'huile végétale
50 g de feta émiettée
50 g de mesclun
1 petite poignée de menthe fraîche

Assaisonnement
2 c. à s. de jus de pomme frais
2 c. à c. de moutarde douce

1. Faites tremper les haricots toute une nuit dans l'eau froide puis égouttez-les. Rincez-les et égouttez-les à nouveau.

2. Faites-les cuire dans une petite casserole d'eau bouillante, sans couvrir. Mettez-les dans une passoire, passez-les sous l'eau froide puis égouttez-les.

3. Préchauffez le four à 180 °C (th. 6).

4. Mettez les dés de betterave dans un petit plat, versez l'huile et mélangez bien. Couvrez d'une feuille d'aluminium et faites cuire 20 minutes au four.

5. Pour l'assaisonnement, mélangez le jus de pomme et la moutarde dans un bol en fouettant vivement.

6. Transférez les haricots, la betterave, la feta, le mesclun et la menthe dans un petit saladier. Versez l'assaisonnement et remuez.

Salade de lentilles, betterave et roquette

Pour 1 personne

Préparation 10 minutes

200 g de lentilles vertes cuisinées
50 g de mini-betteraves en boîte
1 c. à s. de vinaigre balsamique
1 c. à c. d'huile d'olive
quelques feuilles de roquette
30 g de feta émiettée

1. Mélangez les lentilles vertes et les mini-betteraves égouttées.

2. Préparez la sauce : mélangez le vinaigre balsamique et l'huile d'olive.

3. Nappez-en la salade et servez celle-ci sur quelques feuilles de roquette. Agrémentez le tout de feta.

Salade de pois chiches

Pour 1 personne

Préparation 15 minutes

200 g de pois chiches en boîte
1 mini-concombre
½ petit oignon rouge en fines lamelles
quelques olives noires dénoyautées
quelques feuilles de persil plat frais grossièrement haché
½ poivron jaune grossièrement haché
1 petite tomate olivette épépinée et coupée en quartiers
1 c. à s. de jus de citron
1 c. à c. d'huile d'olive
¼ de c. à c. de zeste de citron finement râpé
¼ de c. à c. de cumin moulu
2 c. à s. de tzatziki

1. Mélangez les pois chiches rincés et égouttés, le mini-concombre grossièrement haché, l'oignon rouge, les olives noires, le persil, le poivron jaune et la tomate.

2. Dans un autre récipient, mélangez le jus de citron,l'huile d'olive, le zeste de citron, le cumin moulu. Assaisonnez la salade de cette sauce et agrémentez de tzatziki (fromage blanc au concombre et à la menthe).

Salade de poulet à la pêche

Pour 1 personne

Préparation 10 minutes

80 g de blanc de poulet émincé
150 g de chou chinois émincé
quelques feuilles de menthe fraîche ciselées
1 petite pêche coupée en quartiers
2 c. à s. de jus de citron vert
1 c. à c. d'huile d'olive

1. Mélangez le blanc de poulet, le chou chinois, la menthe fraîche et la pêche.

2. Dans un autre récipient, mélangez le jus de citron vert et l'huile d'olive. Assaisonnez la salade de cette sauce.

Salade de thon

Pour 1 personne

Préparation 5 minutes

125 g de thon en boîte au naturel
100 g de pousses d'épinards ou de roquette
1 c. à c. de petites câpres rincées et égouttées
200 g de tomates cerise coupées en deux
3 c. à c. d'aneth frais ciselé
1 c. à s. de jus de citron
1 c. à c. d'huile d'olive

1. Égouttez le thon. Mélangez-le avec les pousses d'épinards ou de roquette, les câpres, les tomates cerise et l'aneth.

2. Dans un autre récipient, mélangez le jus de citron et l'huile d'olive. Assaisonnez la salade de cette sauce.

274 kcal

Salade de haricots blancs

Pour 1 personne

Préparation 15 minutes

50 g de mesclun
100 g de haricots blancs en conserve rincés et égouttés
2 c. à s. d'estragon grossièrement haché
2 c. à s. de persil plat grossièrement haché
1 petite carotte en allumettes
½ concombre en allumettes
2 radis rouges en allumettes
2 c. à s. de jus de pomme frais
1 c. à s. de vinaigre de cidre
1 c. à s. de graines de tournesol grillées
1 c. à s. de graines de citrouille grillées

1. Dans un saladier, mélangez délicatement le mesclun, les haricots, les herbes, la carotte, le concombre et le radis.

2. Dans un bol, fouettez le jus de pomme et le cidre. Nappez-en la salade et remuez.

3. Garnissez la salade de graines grillées avant de servir.

Pratique *Toutes les variétés de haricots blancs en conserve (cannellini, haricots beurre et flageolets blancs) conviennent pour cette recette.*

238 kcal

Salade mélangée aux haricots

Pour 1 personne

Préparation 15 minutes

150 g de haricots en boîte (rouges et blancs) rincés et égouttés
1 branche de céleri parée et hachée
½ poivron jaune en petits dés
30 g d'olives noires dénoyautées et grossièrement hachées
1 petite poignée de persil plat ciselé
1 petit oignon rouge en fines lamelles
20 g de pousses de roquette

Assaisonnement

1 gousse d'ail écrasée
2 c. à c. d'huile d'olive
2 c. à c. de jus de citron frais

1. Mélangez dans un bocal l'ail, l'huile et le jus de citron. Agitez bien pour que la sauce soit homogène.

2. Disposez les ingrédients dans une assiette et nappez-les de sauce.

Salade de tomates rôties à l'orge

Pour 1 personne

Préparation 15 minutes • Cuisson 20 minutes

50 g d'orge perlé
2 tomates olivettes en quartiers épais
1 petit poivron vert en petits dés
1 petit oignon rouge haché
1 poignée de persil plat ciselé

Sauce au citron et à l'aneth
2 c. à s. de jus de citron frais
1 c. à s. d'aneth frais ciselé
1 c. à c. d'huile d'olive
1 gousse d'ail écrasée

1. Préchauffez le four à 240 °C (th. 8). Faites cuire l'orge 20 minutes dans une petite casserole d'eau bouillante, sans couvrir. Rincez-la sous l'eau froide puis égouttez-la bien.

2. Disposez les tomates sur une plaque de cuisson légèrement huilée, face tranchée vers le haut, et faites-les cuire 15 minutes au four.

3. Préparez la sauce en mélangeant vivement tous les ingrédients dans un bocal. Mélangez l'orge et la moitié des tomates dans un saladier, ajoutez le poivron, l'oignon, le persil et la sauce. Remuez doucement. Garnissez des tomates restantes et nappez de sauce.

Asperges grillées aux tomates

Pour 1 personne

Préparation 20 minutes • Cuisson 15 minutes

1 tomate moyenne en petits dés
1 gousse d'ail écrasée
2 c. à s. de jus de citron frais
1 c. à s. de basilic frais ciselé
1 c. à s. de persil plat ciselé
125 g d'asperges vertes
25 g de frisée
25 g de feuilles de roquette

1. Portez le jus de citron à ébullition dans une petite casserole avec l'ail et la tomate. Laissez mijoter 2 minutes sans couvrir. Ajoutez les herbes hors du feu.

2. Faites dorer les asperges sur un gril chaud légèrement huilé jusqu'à ce qu'elles soient tendres.

3. Dressez la frisée et la roquette sur une assiette, ajoutez les asperges et les tomates tièdes.

Salade d'épinards, céleri, poire et noix

Pour 1 personne

Préparation 10 minutes

1 grosse poire en quartiers fins
60 g de pousses d'épinards
25 g de noix grillées et hachées
1 branche de céleri en petits tronçons

Sauce moutarde
2 c. à c. de moutarde douce
1 c. à c. de vinaigre de cidre
1 c. à s. de jus de pomme frais

1. Préparez la sauce en mélangeant tous les ingrédients dans un bocal, fermez hermétiquement et secouez vivement.

2. Mettez la poire, les épinards, le céleri et les noix dans un petit saladier.

3. Nappez de sauce, remuez délicatement et servez.

Salade de soja, raisin et pamplemousse

Pour 1 personne • 363 kcal

Trempage 12 heures • Préparation 15 minutes
Cuisson 20 minutes

50 g de haricots de soja secs
1 petit pamplemousse rose
50 g de grains de raisin vert coupés en deux
1 petit oignon blanc émincé
50 g de pousses de pois gourmands
1 petite poignée de coriandre ciselée
1 petite poignée de menthe ciselée
1 feuille de combava ciselée
2 c. à s. de jus de citron vert frais

1. Faites tremper les haricots de soja toute une nuit dans l'eau froide puis égouttez-les. Rincez-les à l'eau froide et égouttez-les à nouveau.

2. Faites-les cuire dans une petite casserole d'eau bouillante, sans couvrir. Rafraîchissez-les sous l'eau froide puis égouttez-les.

3. Pelez le pamplemousse à vif et détaillez-le en quartiers dans un saladier. Ajoutez les haricots de soja et le reste des ingrédients. Mélangez délicatement.

326 kcal

Salade de fenouil à l'orange et aux amandes

Pour 1 personne

Préparation 10 minutes • Cuisson 10 minutes

80 ml de jus d'orange frais
2 c. à c. d'huile d'olive
1 petit bulbe de fenouil
1 grosse orange pelée à vif
et coupée en quartiers
50 g de pousses d'épinards
20 g d'amandes effilées

1. Portez le jus d'orange à ébullition dans une petite casserole et faites-le réduire sans couvrir jusqu'à ce qu'il ne reste qu'une cuillerée à soupe dans la casserole. Laissez-le refroidir puis mélangez-le avec l'huile dans un bol.

2. Retirez les tiges du fenouil et gardez les feuilles. Détaillez le bulbe en lamelles fines.

3. Mélangez dans un saladier le fenouil, les quartiers d'orange, les épinards et les amandes. Remuez doucement.

4. Versez la sauce sur la salade et décorez de feuilles de fenouil.

407 kcal

Salade d'épinards, courgette et pois chiches

Pour 1 personne

Trempage 12 heures • Préparation 25 minutes
Cuisson 30 minutes

100 g de pois chiches
1 petite courgette en rondelles épaisses
1 gousse d'ail non pelée
2 c. à s. de jus de citron frais
2 c. à c. de tahini
1 c. à s. de yaourt au lait de chèvre
60 g de pousses d'épinards
1 petit oignon rouge en tranches fines

1. Mettez les pois chiches dans un saladier, couvrez-les d'eau froide et laissez tremper toute une nuit. Rincez-les bien puis égouttez-les.

2. Faites-les cuire dans une petite casserole d'eau bouillante, sans couvrir. Égouttez-les ensuite au-dessus d'un petit saladier en réservant 2 cuillerées à café du liquide de cuisson, puis passez-les sous l'eau froide et égouttez-les à nouveau.

3. Faites dorer l'ail et les tranches de courgette sur un gril en fonte chaud légèrement huilé. Laissez refroidir l'ail et pelez-le.

4. Mixez un quart des pois chiches cuits avec le jus de citron, le tahini, le yaourt, le liquide de cuisson réservé et l'ail, jusqu'à obtention d'un mélange homogène.

5. Mélangez dans un saladier les épinar l'oignon et les pois chiches restants. S cette salade avec l'hoummos.

286 kcal

Salade grecque

Pour 1 personne

Préparation 10 minutes

100 g de petites feuilles de romaine
1 tomate en quartiers épais
½ poivron rouge en petits dés
1 concombre libanais en petits morceaux
40 g d'olives noires dénoyautées
50 g de feta émiettée
2 c. à c. de jus de citron frais
2 c. à c. d'huile d'olive

1. Mélangez la salade, la tomate, le poivron, le concombre et les olives dans un saladier.

2. Mélangez dans un bol le jus de citron et l'huile, versez cette sauce sur la salade et remuez. Décorez de feta émiettée et servez.

313 kcal

Salade de pommes de terre et haricots verts

Pour 1 personne

Préparation 15 minutes • Cuisson 15 minutes

2 petites pommes de terre en quartiers (avec la peau)
150 g de haricots verts en tronçons de 3 cm
230 g de pousses de roquette
½ petit oignon rouge en fines lamelles

Sauce au yaourt
95 g de yaourt au lait de brebis
1 c. à c. de zeste de citron râpé
1 c. à s. de jus de citron frais
1 c. à s. de persil plat frais ciselé

1. Faites cuire séparément les pommes de terre et les haricots, à la vapeur ou au micro-ondes. Égouttez-les. Passez les haricots sous l'eau froide puis égouttez-les à nouveau.

2. Préparez la sauce en mélangeant tous les ingrédients dans un bol.

3. Transférez les pommes de terre et les haricots dans un saladier avec la roquette et l'oignon. Mélangez délicatement et nappez de sauce.

Salade vietnamienne au tofu

Pour 1 personne

Préparation 20 minutes • Cuisson 5 minutes

100 g de tofu ferme
1 petite carotte
40 g de chou vert en fines lanières
40 g de chou rouge en fines lanières
½ petit poivron jaune en fines lanières
40 g de germes de soja
2 oignons verts en fines lamelles
1 petite poignée de coriandre fraîche

Sauce au citron vert et à l'ail
60 ml de jus de citron vert frais
1 gousse d'ail écrasée

1. Disposez le tofu en une seule couche sur un plateau garni de papier absorbant ; recouvrez-le d'une autre feuille de papier absorbant et laissez-le dégorger 10 minutes.

2. Pendant ce temps, détaillez la carotte en petits rubans avec un épluche-légumes. Mettez-la dans un saladier avec le chou vert, le chou rouge, le poivron, les germes de soja, l'oignon et la coriandre. Préparez la sauce en fouettant l'huile et le jus de citron dans un petit bol.

3. Coupez le tofu en quatre et faites-le dorer dans une petite poêle chaude légèrement huilée. Versez la sauce sur la salade et remuez. Servez à part le tofu tiède.

Salade de haricots blancs et riz aux amandes

Pour 1 personne

Trempage 12 heures • Préparation 10 minutes
Cuisson 20 minutes

50 g de haricots borlotti
50 g de riz complet
1 petit oignon rouge en tranches fines
1 petite poignée de persil plat ciselé
1 petite poignée de menthe ciselée
1 tomate moyenne en petits dés
1 c. à s. d'amandes effilées légèrement grillées
2 c. à s. de jus de citron frais
2 c. à c. d'huile d'olive

1. Mettez les haricots dans un saladier, couvrez d'eau froide et laissez tremper toute une nuit. Rincez-les bien puis égouttez-les. Mettez-les dans une casserole avec de l'eau froide, portez à ébullition puis laissez frémir jusqu'à ce qu'ils soient tendres. Rincez-les sous l'eau froide et égouttez-les bien.

2. Faites cuire le riz. Quand les grains sont tendres, égouttez bien, rincez sous l'eau froide et égouttez à nouveau.

3. Mélangez les haricots et le riz dans un saladier, ajoutez les autres ingrédients et remuez délicatement.

Mâche aux noix de pécan et à l'orange

Pour 1 personne

Préparation 10 minutes

20 g de cresson
25 g de mâche
30 g de pousses de pois gourmands
45 g de noix de pécan grillées
et grossièrement hachées
2 c. à c. d'huile d'olive
2 petites oranges

1. Mélangez le cresson, la mâche, les pousses de pois gourmands, les noix et l'huile dans un saladier.

2. Pelez les oranges à vif et séparez-les en quartiers au-dessus du saladier pour récupérer le jus. Mélangez les oranges et la salade.

Légumes verts à la sauce moutarde

Pour 1 personne

Préparation 10 minutes • Cuisson 10 minutes

50 g de haricots verts
50 g de haricots mange-tout
50 g de pois gourmands
1 petite poignée de persil plat frais
2 c. à s. de cerfeuil frais
25 g de pousses de roquette
1 c. à s. de raisins de Corinthe

Sauce moutarde

2 c. à c. de moutarde douce
2 c. à c. de jus de citron frais
2 c. à c. d'huile d'olive

1. Faites cuire séparément, à la vapeur ou dans un peu d'eau bouillante, les haricots et les pois gourmands. Égouttez-les, passez-les sous l'eau froide, puis égouttez-les à nouveau.

2. Mélangez tous les ingrédients de l'assaisonnement dans un bocal hermétique.

3. Transférez les haricots et les pois gourmands dans un saladier avant d'ajouter les herbes, la roquette et les raisins de Corinthe.

4. Nappez de sauce et servez rapidement.

505 kcal

Salade de potiron rôti, noix de pécan et feta

Pour 1 personne

Préparation 15 minutes • Cuisson 20 minutes

100 g de potiron en cubes
1 c. à c. d'huile végétale
80 g de roquette
40 g de noix de pécan grillées
50 g de feta émiettée

Sauce aux agrumes

1 c. à s. de jus d'orange frais
1 c. à s. de jus de citron frais
1 c. à c. d'huile de pépins de raisin

1. Préchauffez le four à 220 °C (th. 7-8). Mélangez dans un grand plat le potiron avec l'huile pour le faire rôtir 20 minutes sans couvrir.

2. Préparez la sauce en mélangeant les ingrédients dans un bocal, fermez et agitez vivement.

3. Mettez la roquette, les noix de pécan et la feta dans un petit saladier, ajoutez les dés de potiron, versez la sauce et remuez délicatement.

489 kcal

Salade de tomate, avocat et pesto au tofu

Pour 1 personne

Préparation 10 minutes

1 tomate moyenne en quartiers
½ avocat en tranches épaisses
100 g de tofu ferme en dés de 3 cm
50 g de mesclun
1 c. à s. de basilic frais

Pesto au tofu

1 c. à s. de pignons grillés
50 g de tofu ferme
1 petite poignée de basilic
1 c. à s. de jus de citron frais
1 c. à s. d'eau

1. Préparez le pesto en mixant tous les ingrédients pour former une sauce lisse.

2. Mélangez dans un saladier la tomate, l'avocat, le tofu, le mesclun et le basilic. Nappez de pesto et servez sans attendre.

328 kcal

Salade de cresson, pois chiches et poivrons

Pour 1 personne

Trempage 12 heures • Préparation 15 minutes
Cuisson 30 minutes

50 g de pois chiches
100 g de cresson d'eau
1 gousse d'ail coupée en quatre
35 g d'amandes effilées légèrement grillées
60 ml de jus de citron frais
50 g de poivron rouge en fines lanières
50 g de poivron jaune en fines lanières

1. Mettez les pois chiches dans un saladier, couvrez d'eau froide et laissez tremper toute une nuit. Rincez-les puis égouttez-les. Mettez-les dans une casserole, couvrez largement d'eau froide et faites-les cuire à petits bouillons jusqu'à ce qu'ils soient tendres. Rafraîchissez-les sous un filet d'eau puis égouttez-les.

2. Lavez le cresson sous l'eau froide et séparez les feuilles des tiges. Mixez les tiges avec 1 cuillerée à soupe d'eau, l'ail, un tiers des pois chiches, 1 cuillerée à soupe d'amandes et 2 cuillerées à soupe de jus de citron. Incorporez les amandes et les pois chiches restants.

3. Mélangez dans un saladier le cresson et les poivrons. Versez le jus de citron restant et remuez. Garnissez cette salade de pois chiches en sauce. Servez sans attendre.

400 kcal

Salade de pommes de terre et asperges à la menthe

Pour 1 personne

Préparation 20 minutes • Cuisson 20 minutes

150 g de pommes de terre nouvelles
avec la peau
125 g d'asperges vertes coupées
en tronçons de 3 cm
½ concombre libanais en tranches fines
40 g de cresson
40 g de graines de potiron grillées

Sauce à la menthe
2 c. à s. de yaourt au lait de brebis
1 c. à c. de zeste de citron vert râpé
2 c. à c. de jus de citron vert frais
1 petite poignée de menthe fraîche ciselée

1. Faites cuire les pommes de terre à la vapeur sans les peler. Laissez-les tiédir et coupez-les en quatre.

2. Faites cuire les asperges à la vapeur jusqu'à ce qu'elles soient tendres. Égouttez-les, passez-les sous l'eau froide puis égouttez-les à nouveau.

3. Préparez la sauce à la menthe en fouettant tous les ingrédients dans un bol.

4. Transférez les pommes de terre et les asperges dans un saladier, ajoutez le concombre, le cresson et les graines de citrouille. Nappez de sauce, mélangez et servez.

Pain complet à la truite fumée

Pour 1 personne

Préparation 5 minutes

un petit pain complet
50 g de truite fumée émiettée
1 c. à s. de crème aigre allégée
1 c. à s. de cornichons hachés très finement
1 c. à s. d'aneth ciselé
1 c. à s. de jus de citron

1. Ouvrez un petit pain complet en deux.

2. Mélangez dans un bol la truite fumée, la crème aigre, les cornichons, l'aneth et le jus de citron.

3. Tartinez-en la base du pain de ce mélange et couvrez avec l'autre moitié pour former un sandwich.

Pain garni au rosbif et au raifort

Pour 1 personne

Préparation 5 minutes

un petit pain rond
2 c. à c. de crème de raifort
50 g de rosbif (une tranche)
quelques lanières de poivron grillé
quelques feuilles de roquette

1. Ouvrez un petit pain rond en deux.

2. Tartinez chaque face de la crème de raifort puis disposez sur une moitié le rosbif, les lanières de poivron et la roquette.

3. Fermez le sandwich avec l'autre moitié de pain.

Pain pita à l'agneau et au taboulé

Pour 1 personne

Préparation 5 minutes

un pain pita
1 c. à s. d'hoummos
50 g de taboulé
50 g d'agneau rôti (1 tranche)
quelques feuilles de roquette

1. Coupez un pain pita en deux.

2. Étalez à l'intérieur de chaque moitié de pain l'houmous puis garnissez avec le taboulé, l'agneau rôti et la de roquette.

Sandwich aux légumes verts

Pour 1 personne

Préparation 10 minutes • Cuisson 5 minutes

50 g de petits pois surgelés
50 g de ricotta allégée
1 c. à s. de jus de citron
1 c. à s. de menthe fraîche ciselée
1 tranche de pain de mie aux céréales
quelques pousses d'épinards

1. Faites cuire à l'eau les petits pois. Égouttez-les et laissez-les refroidir avant de les écraser légèrement à la fourchette

2. Mélangez cette purée avec la ricotta, le jus de citron et la menthe.

3. Au moment du déjeuner, étalez cette préparation sur une tranche de pain. Terminez par les pousses d'épinards puis refermez le sandwich avec une autre tranche de pain.

Sandwich au chèvre et noix de pécan

Pour 1 personne

Préparation 15 minutes

40 g de fromage de chèvre
1 c. à s. de noix de pécan hachées
1 c. à s. de persil plat ciselé
2 tranches de pain complet
1 petite tomate coupée en tranches fines
½ concombre détaillé en rubans
½ carotte détaillée en rubans
2 petites feuilles de romaine

1. Mélangez le fromage, les noix de pécan et le persil dans un bol.

2. Étalez cette préparation sur le pain. Ajoutez les tranches de tomate, le concombre, la carotte et la laitue, puis couvrez avec le pain restant.

Sandwich au pain de seigle

Pour 1 personne

Préparation 10 minutes

1 c. à c. de basilic haché
1 c. à c. de menthe hachée
1 c. à c. de persil plat haché
1 c. à s. de ricotta
1 tranche de pain de seigle
10 g de pousses de roquette
1 petite tomate en tranches fines
½ concombre libanais en tranches fines
1 c. à s. de germes de luzerne

1. Mélangez bien les herbes et le fromage. Étalez cette préparation sur le pain.

2. Garnissez le pain avec le reste des ingrédients.

Rouleau de pain lavash

Pour 1 personne

Préparation 15 minutes

1 tranche de pain lavash complet
½ avocat
1 c. à c. de tahini
60 g de betterave crue grossièrement râpée
50 g de potiron cru grossièrement râpé
¼ de petit poivron rouge tranché fin
40 g de champignons tranchés fin
¼ d'oignon rouge tranché fin

1. Écrasez grossièrement l'avocat puis étalez-le avec le tahini sur le pain.

2. Disposez dessus les ingrédients restants (dans la longueur) puis roulez le pain pour enfermer la garniture.

Frittata aux petits pois et à la patate douce

Pour 4 personnes

Préparation 15 minutes • Cuisson 20 minutes

80 g de petits pois écossés
1 poivron jaune en lanières
1 patate douce grossièrement râpée
12 blancs d'œufs
120 g de crème fraîche allégée
1 bouquet de basilic ciselé
20 g de parmesan râpé

1. Huilez une poêle antiadhésive et faites revenir les petits pois, le poivron et la patate douce en remuant, jusqu'à ce qu'ils soient tendres.

2. Battez les blancs d'œufs et la crème dans un récipient puis ajoutez le basilic.

3. Versez cette préparation sur les légumes et laissez cuire 10 minutes à feu doux, jusqu'à ce que la frittata soit ferme.

4. Parsemez la frittata de fromage, transférez-la dans un plat allant au four et faites-la dorer sous le gril du four. Servez chaud ou tiède.

257 kcal

Soupe de légumes au maïs

Pour 1 personne

Préparation 10 minutes • Cuisson 20 minutes

500 ml de bouillon de légumes
1 épi de maïs
50 g de chou-fleur en petits bouquets
½ petite carotte en petits dés
30 g de pois gourmands en petits tronçons
1 oignon vert en fines rondelles

1. Portez le bouillon à ébullition dans une petite cocotte. Détachez les grains de maïs de l'épi et mettez-les dans le bouillon avec le chou-fleur et la carotte. Quand le mélange recommence à bouillir, réduisez le feu, couvrez et laissez mijoter 10 minutes.

2. Incorporez les pois gourmands et l'oignon. Laissez frémir 2 minutes sans couvrir. C'est prêt.

243 kcal

Velouté de poireau et pomme de terre

Pour 1 personne

Préparation 10 minutes • Cuisson 25 minutes

1 c. à c. d'huile d'olive
1 gousse d'ail écrasée
½ c. à c. de thym frais
1 petit poireau en rondelles
1 pomme de terre en morceaux
500 ml de bouillon de légumes
½ oignon vert en rondelles

1. Faites chauffer l'huile dans une petite cocotte pour y faire revenir le poireau, l'ail et le thym pendant 3 minutes en remuant sans cesse. Versez ensuite le bouillon et ajoutez la pomme de terre. Portez à ébullition puis laissez frémir 15 minutes.

2. Quand la pomme de terre est cuite, mixez la soupe pour obtenir un velouté.

3. Réchauffez-la rapidement. Décorez d'oignon vert au moment de servir.

Soupe à l'oignon

Pour 1 personne

Préparation 5 minutes • Cuisson 15 minutes

1 oignon brun moyen émincé
2 c. à c. d'huile d'olive
2 c. à c. de sucre roux
375 ml de bouillon de bœuf
1 c. à s. de ciboulette fraîche ciselée

1. Faites revenir l'oignon émincé dans la poêle avec l'huile d'olive. Quand l'oignon est tendre, ajoutez le sucre roux et poursuivez la cuisson 10 minutes en remuant de temps en temps, pour que le mélange caramélise.

2. Au moment du déjeuner, transférez cette préparation dans un récipient adapté au micro-ondes avec le bouillon de bœuf. Faites cuire 2 minutes au micro-ondes en position maximale.

3. Saupoudrez la soupe bien chaude avec la ciboulette.

Soupe de maïs au poulet

Pour 1 personne

Préparation 5 minutes • Cuisson 2 minutes

125 g de crème de maïs en boîte
100 g de blanc de poulet émincé
1 cuillerée à soupe de sauce de soja
½ c. à c. de sambal oelek.
375 ml de bouillon de volaille
2 c. à s. de feuilles de persil plat

1. Mélangez le maïs, le blanc de poulet, la sauce de soja et le sambal oelek.

2. Au moment du déjeuner, transférez ce mélange dans un récipient adapté au micro-ondes avec le bouillon de volaille. Faites cuire2 minutes au micro-ondes en position maximale.

3. Saupoudrez la soupe bien chaude de persil plat.

Soupe de printemps aux risoni

Pour 1 personne

Préparation 5 minutes • Cuisson 10 minutes

50 g de pâtes risoni
4 haricots verts émincés
1 petite carotte en tranches fines
375 ml de bouillon de légumes ou de volaille
1 c. à s. de basilic frais ciselé

1. Faites cuire les pâtes risoni dans une petite casserole d'eau bouillante salée. Ajoutez les haricots verts et la carotte. Poursuivez la cuisson 1 minute à découvert. Égouttez, rincez sous l'eau froide et égouttez à nouveau.

2. Au moment du déjeuner, transférez cette préparation dans un récipient adapté au micro-ondes avec le bouillon de légumes ou de volaille. Faites cuire 2 minutes au micro-ondes en position maximale.

3. Saupoudrez la soupe bien chaude avec le basilic frais ciselé.

Soupe thaïe au poulet

Pour 1 personne

Préparation 5 minutes • Cuisson 2 minutes

100 g de blanc de poulet émincé
1 c. à c. de pâte de curry rouge
175 g de nouilles de riz
375 ml de bouillon de volaille
1 c. à s. de coriandre fraîche
½ oignon vert émincé

1. Mélangez le blanc de poulet et la pâte de curry rouge.

2. Au moment du déjeuner, passez les nouilles de riz (la valeur d'un sachet) sous l'eau chaude. Mettez-les dans un récipient adapté au micro-ondes avec le bouillon de volaille. Faites-les cuire 2 minutes au micro-ondes en position maximale. Ajoutez le poulet émincé.

3. Saupoudrez la soupe bien chaude avec la coriandre fraîche et l'oignon.

214 kcal

Soupe de tomates rôties et poivron

Pour 1 personne

Préparation 10 minutes • Cuisson 35 minutes

800 g de tomates grossièrement hachées
1 gros poivron rouge haché
1 petit oignon brun grossièrement haché
2 gousses d'ail en tranches fines
1 c. à s. de basilic ciselé

1. Préchauffez le four à 180 °C (th. 6).

2. Mélangez dans un plat les tomates, le poivron, l'oignon et l'ail. Couvrez d'une feuille d'aluminium. Faites-les rôtir 30 minutes.

3. Passez les légumes au moulin à légumes, puis dans un tamis fin. Versez la soupe obtenue dans une casserole.

4. Réchauffez-la rapidement sans la laisser bouillir. Décorez de basilic et servez sans attendre.

344 kcal

Velouté de potiron et patate douce

Pour 1 personne

Préparation 15 minutes • Cuisson 25 minutes

1 c. à c. d'huile d'olive
1 petit oignon brun grossièrement haché
1 gousse d'ail écrasée
200 g de potiron en morceaux
1 petite patate douce en morceaux
500 ml de bouillon de légumes
½ c. à c. de zeste d'orange râpé
1 c. à s. de jus d'orange frais
1 c. à s. de ciboulette ciselée

1. Faites chauffer l'huile dans une cocotte pour y faire revenir l'ail et l'oignon.

2. Ajoutez le potiron, la patate douce et le bouillon. Portez à ébullition. Couvrez et laissez frémir 15 minutes pour que les légumes soient tendres. Laissez tiédir 10 minutes.

3. Mixez la soupe pour obtenir un velouté.

4. Réchauffez-la rapidement avec le zeste et le jus d'orange. Attention, elle ne doit pas bouillir.

5. Décorez de ciboulette. C'est prêt.

Les plats principaux

492 kcal

Pappardelle aux épinards et tomates grillées à la ricotta

Pour 4 personnes

Préparation 10 minutes • Cuisson 20 minutes

60 ml de vinaigre balsamique
3 gousses d'ail pilées
4 tomates moyennes détaillées en huit quartiers
375 g de pappardelle
100 g de pousses d'épinards
2 c. s. d'huile d'olive
200 g de ricotta allégée

1. Préchauffez le four à 180 °C (th. 6).

2. Mélangez le vinaigre et l'ail dans un récipient. Étalez les quartiers de tomate sur la plaque du four et arrosez-les de vinaigre à l'ail. Faites cuire 20 minutes au four. Les tomates doivent être légèrement dorées.

3. Pendant ce temps, faites cuire les pâtes dans une grande casserole d'eau bouillante salée. Elles doivent être *al dente*.

4. Mélangez les pâtes égouttées, les tomates, les épinards et l'huile dans un plat creux. Détaillez la ricotta en petits cubes, incorporez-la aux pâtes et remuez délicatement. Servez aussitôt.

Variante Les pappardelle sont des pâtes larges et plates aux bords ondulés. On pourra les remplacer par d'autres pâtes longues et larges.

123 kcal

Légumes grillés

Pour 1 personne

Préparation 10 minutes • Cuisson 20 minutes

1 petit bulbe de fenouil
1 tomate olivette coupée en deux dans la longueur
½ poivron rouge en morceaux
½ courgette en tranches dans la longueur
1 petite aubergine en rondelles larges
huile d'olive
1 c. à s. de persil plat haché
1 c. à s. de jus de citron frais
1 c. à c. d'huile d'olive

1. Préchauffez le four à 200 °C (th. 6-7).

2. Réservez les feuilles du fenouil. Tranchez le bulbe en lamelles fines.

3. Disposez les légumes sur une plaque de cuisson légèrement huilée. Badigeonnez-les légèrement d'huile et faites-les rôtir 20 minutes sans couvrir. Ajoutez la moitié du persil.

4. Dressez les légumes grillés sur une assiette. Nappez-les d'huile et de jus de cuisson mélangés. Pour servir, saupoudrez-les du persil restant et des feuilles de fenouil ciselées.

330 kcal

Tomates cerise rôties aux broccolinis et graines de citrouille

Pour 1 personne

Préparation 10 minutes • Cuisson 20 minutes

1 c. à c. d'huile d'olive
1 petit oignon rouge en rondelles
2 gousses d'ail écrasées
125 g de tomates cerise coupées en deux
1 c. à s. de vinaigre de cidre
250 g de broccolinis
2 c. à s. de graines de citrouille grillées

1. Préchauffez le four à 200 °C (th. 6-7).

2. Mélangez l'huile et l'oignon dans un petit plat et faites rôtir 10 minutes au four. Ajoutez l'ail, les tomates et le vinaigre. Poursuivez la cuisson 10 minutes, jusqu'à ce que les tomates soient tendres.

3. Faites cuire les brocolinis à la vapeur ou au micro-ondes. Égouttez-les bien.

4. Servez les broccolinis, les tomates et les oignons saupoudrés de graines de citrouille.

594 kcal

Poulet aux pois gourmands et au maïs

Pour 4 personnes

Préparation 10 minutes • Cuisson 20 minutes

300 g de riz au jasmin
1 c. s. d'huile d'arachide
700 g de blanc de poulet émincé
1 oignon brun émincé
1 piment rouge épépiné et grossièrement haché
1 gousse d'ail pilée
150 g de pois gourmands
150 g de petits pois
125 g de mini-épis de maïs coupés en deux
2 c. s. de kecap manis
2 c. s. de sauce barbecue
125 ml de bouillon de volaille
1 c. s. de Maïzena
2 c. s. de jus de citron vert

1. Faites cuire le riz dans un grand volume d'eau bouillante salée jusqu'à ce qu'il soit tendre puis égouttez-le.

2. Faites chauffer la moitié de l'huile dans un wok et faites revenir le poulet en remuant sans cesse, jusqu'à ce qu'il soit doré sur toutes ses faces. Réservez au chaud.

3. Versez le reste d'huile dans le wok et faites revenir l'oignon, le piment et l'ail. Ajoutez les pois gourmands, les petits pois et le maïs puis laissez cuire en remuant jusqu'à ce que les légumes soient tendres. Remettez le poulet dans le wok avec le kecap manis, la sauce barbecue et le bouillon. Prolongez la cuisson 2 minutes en remuant. Ajoutez la Maïzena et le jus de citron vert puis laissez sur le feu jusqu'à épaississement de la sauce. Servez aussitôt avec le riz au jasmin.

581 kcal

Couscous végétarien

Pour 4 personnes

Préparation 15 minutes • Cuisson 10 minutes

600 g de chair de potiron coupée en gros morceaux
2 courgettes vertes coupées en gros morceaux
2 courgettes jaunes coupées en gros morceaux
300 g d'épinards grossièrement hachés
500 ml de bouillon de légumes
400 g de couscous
60 ml de jus de citron
50 g de basilic frais grossièrement haché
200 g de feta
½ citron confit en saumure, sans la pulpe et émincé
6 oignons verts émincés

1. Faites cuire séparément le potiron, les courgettes et les épinards, à l'eau ou à la vapeur, puis égouttez-les.

2. Faites bouillir le bouillon dans une casserole. Retirez du feu et versez le couscous puis laissez reposer 5 minutes, jusqu'à absorption complète du liquide. Aérez la graine avec une fourchette puis mettez la semoule dans un grand saladier. Ajoutez le jus de citron, le basilic, les légumes, la feta, le zeste de citron confit et les oignons verts. Remuez délicatement et servez.

284 kcal

Salade de nouilles au bœuf

Pour 4 personnes

Préparation 15 minutes • Cuisson 10 minutes

400 g de filet de bœuf émincé
2 c. s. de sauce de soja
1 c. s. d'huile de sésame
250 g de vermicelles de soja
1 oignon rouge émincé
1 carotte en rondelles
1 petit concombre épépiné et coupé en rondelles
1 petit bouquet de coriandre
quelques feuilles de basilic
60 ml de jus de citron vert
60 ml de sauce au piment douce
2 c. s. de nuoc-mâm
1 citron vert en quartiers

1. Mélangez le bœuf, la sauce de soja et la moitié de l'huile dans un récipient. Remuez bien.

2. Mettez les nouilles dans un récipient résistant à la chaleur et couvrez-les d'eau bouillante. Laissez reposer jusqu'à ce qu'elles soient tendres puis égouttez-les. Rincez-les à l'eau froide puis égouttez-les à nouveau.

3. Mélangez les nouilles, l'oignon, la carotte, le concombre, les feuilles de coriandre et le basilic dans un saladier. Fouettez le jus de citron vert, la sauce au piment, le nuoc-mâm et le reste d'huile dans un autre récipient.

4. Égouttez le bœuf et jetez la marinade. Faites chauffer une poêle antiadhésive et faites dorer la viande jusqu'à ce qu'elle soit cuite à votre convenance. Couvrez et laissez reposer 2 minutes hors du feu. Répartissez la salade de vermicelles dans des bols de service, assaisonnez puis ajoutez le bœuf émincé. Servez avec des quartiers de citron vert.

214 kcal

Steaks tartare

Pour 4 personnes

Préparation 30 minutes

600 g de bœuf dans le filet
2 gousses d'ail pilées
1 c. s. de moutarde de Dijon
½ c. c. de sauce Tabasco
1 c. c. de sauce Worcestershire
4 œufs de caille frais
1 oignon rouge émincé
1 c. s. de câpres égouttées
et finement hachées
4 filets d'anchois finement hachés
1 petit bouquet de persil plat finement haché

1. Mélangez la viande hachée avec l'ail, la moutarde, le Tabasco et la sauce Worcestershire. Répartissez-la dans les assiettes en faisant un puits au centre.

2. Cassez un œuf sur chaque tartare. Garnissez d'oignon, de câpres, d'anchois et de persil. Servez aussitôt.

Conseil *La viande étant consommée crue, achetez-la le jour même, hachée devant vous par un bon boucher car elle doit être très fraîche. Vous pouvez aussi la hacher vous-même si vous disposez d'un hachoir à viande. Conservez-la au réfrigérateur jusqu'au moment de servir.*

303 kcal

Porc grillé à la salsa de pomme et poire

Pour 4 personnes

Préparation 15 minutes • Cuisson 10 minutes

1 c. s. d'eau
2 c. s. de jus de citron
2 c. c. de sucre
1 pomme verte coupée en dés de 1 cm
1 pomme rouge coupée en dés de 1 cm
1 poire pelée et coupée en dés de 1 cm
1 piment vert épépiné et émincé
1 c. s. de menthe fraîche finement hachée
800 g de filet de porc en tranches fines

1. Mélangez l'eau, le jus de citron et le sucre dans un récipient en fouettant bien pour que le sucre soit dissous. Ajoutez les morceaux de pommes et de poire, le piment et la menthe. Remuez délicatement.

2. Huilez légèrement un gril en fonte et faites dorer le porc sur toutes ses faces jusqu'à ce qu'il soit cuit à votre convenance. Servez accompagné de salsa.

310 kcal

Tortillas de poulet laqué et salade de cresson

Pour 4 personnes

Préparation 15 minutes • Cuisson 15 minutes

80 g de sauce aux canneberges ou aux airelles
1 c. s. de moutarde à l'ancienne
1 c. s. de jus de citron
25 g de gingembre frais râpé
1 gousse d'ail pilée
500 g de blancs de poulet
1 petit oignon rouge finement émincé
1 petite botte de cresson jeune lavée et égouttée
quelques feuilles de coriandre fraîche ciselées en lanières fines
quelques feuilles de menthe fraîche ciselées en lanières fines
1 c. s. de vinaigre de vin blanc
4 grandes tortillas de blé

1. Mélangez la sauce aux canneberges, la moutarde, le jus de citron, le gingembre et l'ail dans une casserole ; portez à ébullition sans cesser de remuer.

2. Faites cuire les blancs de poulet dans une grande poêle légèrement huilée en les badigeonnant régulièrement de sauce. Couvrez et laissez reposer 5 minutes avant de les détailler en tranches fines.

3. Mélangez les oignons, le cresson, la coriandre, la menthe et le vinaigre dans un saladier. Faites chauffer les tortillas de blé en respectant les instructions figurant sur l'emballage.

4. Disposez les tranches de poulet et la salade au centre des tortillas et roulez ces dernières pour former un cornet ou présentez-les à plat sur les assiettes de service.

277 kcal

Calamars farcis à la truite fumée et au basilic

Pour 4 personnes

Préparation 20 minutes • Cuisson 10 minutes

1 petit oignon rouge
300 g de truite fumée grossièrement hachée
1 bouquet de basilic frais grossièrement ciselé
8 petits corps de calamars vidés et nettoyés
100 g de roquette
1 poignée de feuilles de persil plat frais
1 bouquet de menthe fraîche grossièrement ciselé
60 ml de vinaigre de vin blanc
1 c. s. d'huile d'olive
2 citrons verts détaillés en huit quartiers

1. Émincez la moitié de l'oignon et hachez grossièrement l'autre moitié.

2. Mélangez l'oignon haché, la truite fumée et la moitié du basilic puis farcissez-en les corps des calamars jusqu'à 2 cm du bord environ. Fermez avec une pique en bois.

3. Faites cuire les calamars dans une grande poêle chaude légèrement huilée. Ils doivent être dorés et tendres.

4. Mettez dans un saladier la roquette, le persil, la menthe, l'oignon émincé et le reste du basilic. Versez dessus l'huile et le vinaigre mélangés et remuez délicatement.

5. Découpez les calamars en deux puis disposez-les sur les assiettes. Garnissez de salade et de quartiers de citron.

142 kcal

Moules à la thaïlandaise

Pour 4 personnes

Préparation 20 minutes • Cuisson 10 minutes

2 kg de grosses moules
2 c. s. d'eau
80 ml de jus de citron vert
2 c. s. de sucre de palme râpé ou de sucre roux
2 c. s. de nuoc-mâm
1 piment rouge frais finement haché
2 c. c. d'huile d'arachide
20 g de blanc de citronnelle finement haché
1 gousse d'ail pilée
20 g de gingembre frais râpé
2 c. c. de racines et de tiges de coriandre hachées
2 oignons verts émincés
quelques feuilles de coriandre
quelques feuilles de basilic thaï
2 piments rouges en fines lanières pour décorer

1. Grattez les moules sous l'eau froide et supprimez les barbes.

2. Mélangez l'eau, le jus de citron vert, le sucre, le nuoc-mâm et le piment haché dans un bol.

3. Faites chauffer l'huile dans un grand faitout pour y faire revenir la citronnelle, l'ail, le gingembre et les tiges et racines de coriandre. Quand le mélange embaume, versez la sauce au citron et portez à ébullition. Jetez les moules dans la casserole, ramenez à ébullition puis baissez le feu. Couvrez et laissez frémir 5 minutes en agitant vivement le faitout pour faire ouvrir les moules (jetez toutes celles qui sont restées fermées).

4. Répartissez les moules et le jus de cuisson dans des assiettes creuses, décorez d'oignon vert, de feuilles de coriandre, de basilic et de lanières de piment.

317 kcal

Daurade grillée à la sauce tomate épicée

Pour 4 personnes

Préparation 15 minutes • Cuisson 15 minutes

2 c. s. d'huile d'olive
3 gousses d'ail pilées
3 échalotes finement hachées
425 g de tomates concassées en boîte
1 c. s. de xérès sec
1 c. s. de sauce de soja
1 c. c. de sambal oelek
2 c. c. de sucre blanc
4 filets de daurade de 200 g chacun
75 g de pousses d'épinards
2 c. c. de vinaigre de vin rouge

1. Faites chauffer la moitié de l'huile dans une petite poêle pour y faire revenir l'ail et l'échalote 1 minute. Ajoutez les tomates avec leur jus, le xérès, la sauce de soja, le sambal oelek et le sucre. Portez à ébullition puis réduisez le feu et laissez frémir 10 minutes sans couvrir, pour que le liquide réduise de moitié.

2. Pendant ce temps, faites dorer le poisson 10 minutes dans une grande poêle chaude légèrement huilée.

3. Mettez les pousses d'épinards dans un saladier avec le vinaigre et le reste de l'huile et mélangez délicatement. Servez le poisson nappé de sauce. Disposez sur la même assiette la salade d'épinards.

181 kcal

Noix de saint-jacques grillées aux agrumes

Pour 4 personnes

Préparation 15 minutes • Cuisson 10 minutes

1 pamplemousse rose
1 orange
1 citron vert
1 mangue
30 g de basilic finement haché
30 g de menthe fraîche finement hachée
32 noix de saint-jacques sans le corail

Sauce aux agrumes

2 c. s. de mirin
1 c. s. de jus d'orange
1 c. s. de jus de citron
1 c. s. d'huile d'olive
1 c. c. de zeste de citron râpé

1. Pelez à vif le pamplemousse, l'orange et le citron. Prélevez les quartiers en écartant les membranes qui les recouvrent puis détaillez-les en petits dés dans un saladier. Coupez la mangue en dés et mettez-la dans le saladier avec le basilic et la menthe.

2. Huilez légèrement un gril en fonte et faites griller les noix de saint-jacques jusqu'à ce qu'elles soient dorées et cuites à votre convenance.

3. Préparez l'assaisonnement puis versez-en la moitié sur la salade d'agrumes. Remuez délicatement.

4. Servez les noix de saint-jacques sur la salade d'agrumes et arrosez-les avec le reste de sauce.

Sauce aux agrumes *Mélangez tous les ingrédients dans un bocal, fermez le couvercle et agitez énergiquement.*

394 kcal

Gambas sautées et salade d'ananas au piment

Pour 4 personnes

Préparation 20 minutes • Cuisson 10 minutes

1,5 kg de gambas crues
1 gousse d'ail pilée
1 morceau de gingembre frais râpé
4 oignons verts émincés
1 c. s. d'huile de sésame

Salade d'ananas au piment

1 petit ananas frais
2 mangues
30 g de cacahuètes grillées grossièrement hachées
1 long piment rouge émincé
2 oignons verts émincés
1 c. s. de menthe vietnamienne fraîche finement hachée
2 c. s. de jus de citron vert
1 c. s. de nuoc-mâm
2 c. c. de sucre

1. Ôtez la tête des gambas et décortiquez-les sans retirer la queue. Avec des ciseaux de cuisine, fendez-les pour enlever la veine dorsale. Mélangez-les délicatement avec l'ail, le gingembre et les oignons.

2. Préparez la salade d'ananas au piment.

3. Faites chauffer l'huile dans un wok ou une grande poêle et faites revenir les gambas en remuant, jusqu'à ce qu'elles se colorent.

4. Répartissez les gambas sur un lit de salade dans les assiettes.

5. Préparez la salade d'ananas au piment. Coupez l'ananas et la mangue en bâtonnets de 5 mm puis mélangez-les avec les cacahuètes, le piment, les oignons et les herbes. Versez le jus de citron vert, le nuoc-mâm et le sucre dans un bocal. Fermez le couvercle, agitez énergiquement puis arrosez-en la salade. Remuez délicatement et servez.

379 kcal

Risotto d'orge au poulet et à l'estragon

Pour 4 personnes

Préparation 15 minutes • Cuisson 40 minutes

1 c. s. d'huile d'olive
500 g de blanc de poulet émincé
750 ml de bouillon de volaille
500 ml d'eau
1 oignon brun moyen finement haché
1 gousse d'ail pilée
2 poireaux moyens finement émincés
150 g d'orge perlé
80 ml de vin blanc sec
120 g de petits pois surgelés
2 c. s. d'estragon frais finement ciselé

1. Faites chauffer la moitié de l'huile dans une sauteuse pour y faire revenir le poulet jusqu'à ce qu'il soit légèrement doré et cuit à cœur. Procédez en plusieurs tournées et réservez au chaud.

2. Pendant ce temps, mélangez le bouillon et 50 cl d'eau dans une casserole. Portez à ébullition puis réduisez le feu et laissez frémir à couvert jusqu'à utilisation.

3. Faites chauffer le reste d'huile dans une autre casserole et laissez fondre l'oignon, l'ail et le poireau en remuant sans cesse. Incorporez l'orge et continuez de mélanger pour que les grains soient enrobés d'huile puis mouillez avec le vin. Prolongez la cuisson à feu moyen jusqu'à évaporation complète du liquide. Répétez l'opération avec le bouillon, en versant à chaque fois 25 cl de liquide. Attendez l'évaporation complète avant d'en rajouter. Comptez 30 minutes pour l'absorption complète du liquide.

4. Cinq minutes avant la fin de la cuisson, quand la dernière louche de bouillon n'est pas encore totalement absorbée, ajoutez le poulet et les petits pois et poursuivez la cuisson de sorte que ces derniers soient bien tendres. Retirez du feu et incorporez l'estragon. Servez sans attendre.

485 kcal

Gnocchis de patate douce et pesto de roquette et basilic

Pour 4 personnes

Préparation 45 minutes • Réfrigération 1 heure
Cuisson 25 minutes

2 patates douces à chair orangée (kumara) moyennes
4 petites pommes de terre à purée
150 g de farine
1 jaune d'œuf

Pesto de roquette et basilic

2 c. s. d'huile d'olive
2 c. s. de parmesan finement râpé
1 gousse d'ail coupée en quatre
2 c. s. de jus de citron
50 g de roquette
40 g de feuilles de basilic frais

1. Faites cuire séparément les patates douces et les pommes de terre, à l'eau ou à la vapeur. Égouttez-les. Épluchez-les, coupez-les grossièrement et écrasez-les au presse-purée dans un grand récipient.

2. Incorporez le jaune d'œuf et la farine et pétrissez délicatement cette préparation sur un plan de travail fariné pour former une pâte homogène. Divisez-la en quatre portions, roulez chaque portion en un boudin de 40 cm puis découpez chaque boudin en 24 morceaux. Malaxez chaque morceau en boule, puis pressez chaque boule contre les dents d'une fourchette. Étalez les gnocchis sur un plateau légèrement fariné, couvrez et réservez 1 heure au réfrigérateur.

3. Mixez les ingrédients du pesto jusqu'à obtention d'une pâte lisse.

4. Faites cuire les gnocchis 3 minutes dans une grande casserole d'eau bouillante salée. Retirez-les de l'eau avec une écumoire dès qu'ils remontent à la surface. Mettez-les dans un plat creux avec le pesto et mélangez délicatement. Servez ces gnocchis agrémentés de quelques feuilles de roquette.

393 kcal

Risotto aux betteraves et à la roquette

Pour 4 personnes

Préparation 30 minutes • Cuisson 45 minutes

2 betteraves moyennes épluchées et grossièrement râpées
750 ml de bouillon de légume
1 c. s. d'huile d'olive
1 gros oignon brun finement haché
2 gousses d'ail pilées
300 g de riz arborio (riz rond spécial pour le risotto)
20 g de parmesan grossièrement râpé
50 g de roquette
1 c. s. de persil plat frais finement ciselé

1. Mélangez la betterave, le bouillon et 75 cl d'eau dans une casserole. Portez à ébullition puis laissez frémir à découvert. Le bouillon doit rester chaud tout le temps que va durer la préparation du risotto.

2. Pendant ce temps, faites chauffer l'huile dans une grande casserole pour y faire revenir l'oignon et l'ail. Ajoutez ensuite le riz et remuez pour l'enrober uniformément d'huile. Mouillez avec 250 ml de bouillon à la betterave bien chaud et laissez frémir jusqu'à évaporation complète du liquide, en remuant sans cesse. Répétez l'opération jusqu'à ce qu'il ne reste plus de bouillon, en procédant en plusieurs fois et en attendant que le liquide soit presque évaporé pour en rajouter. Comptez 35 minutes de cuisson en tout.

3. Ajoutez le parmesan, remuez et servez ce risotto agrémenté de roquette et de persil.

435 kcal

Pomme de terre farcie au guacamole

Pour 1 personne

Préparation 15 minutes • Cuisson 1 heure

1 pomme de terre moyenne
1 petit avocat
½ oignon rouge haché
1 petite tomate épépinée et hachée
1 c. à s. de coriandre fraîche ciselée
1 c. à s. de jus de citron vert frais
50 g de mesclun

1. Préchauffez le four à 200 °C (th. 6-7).

2. Piquez la pomme de terre avec une fourchette puis enveloppez-la dans du papier d'aluminium et faites-la cuire environ 1 heure au four pour qu'elle soit tendre.

3. Écrasez grossièrement l'avocat puis incorporez l'oignon, la tomate, la coriandre et le jus de citron vert.

4. Incisez la pomme de terre en croix (profondément mais sans la trancher) et garnissez-la de guacamole. Servez avec le mesclun.

369 kcal

Légumes racines rôtis au yaourt

Pour 1 personne

Préparation 15 minutes • Cuisson 35 minutes

1 petit panais en morceaux
100 g de céleri en morceaux
150 g de potiron en morceaux
1 pomme de terre moyenne en morceaux
2 gousses d'ail écrasées
1 c. à c. de romarin frais haché
2 c. à c. d'huile d'olive
½ petit poivron rouge en dés
1 c. à s. de ciboulette fraîche ciselée
2 c. à s. de yaourt au lait de chèvre
1 citron

1. Préchauffez le four à 200 °C (th. 6-7).

2. Mélangez le panais, le céleri, le potiron, la pomme de terre, l'ail, le romarin et l'huile dans un plat. Faites-les rôtir 35 minutes au four puis ajoutez le poivron et la ciboulette. Remuez doucement pour bien mélanger.

3. Servez les légumes nappés de yaourt et accompagnés de quartier de citron.

355 kcal

Tajine de pois cassés et de potiron

Pour 4 personnes

Préparation 15 minutes • Cuisson 40 minutes

200 g de pois cassés
1 c. s. d'huile d'olive
1 oignon brun moyen finement haché
2 gousses d'ail pilées
2 c. c. de coriandre moulue
2 c. c. de cumin moulu
2 c. c. de gingembre moulu
1 c. c. de paprika doux
1 c. c. de piment de la Jamaïque moulu
1 kg de potiron détaillé en cubes de 3 cm
425 g de tomates concassées en boîte
250 ml de bouillon de légumes
2 c. s. de miel
200 g de haricots verts en morceaux
quelques feuilles de coriandre fraîche grossièrement ciselées

1. Faites cuire les pois cassés dans une casserole d'eau bouillante. Quand ils sont juste tendres, égouttez-les, rincez-les sous l'eau froide et égouttez-les à nouveau. Surveillez attentivement la cuisson car les pois cassés peuvent très vite se réduire en purée si vous les laissez trop longtemps dans l'eau.

2. Faites chauffer l'huile dans une grande casserole et laissez fondre l'oignon en remuant sans cesse. Ajoutez l'ail, la coriandre, le cumin, le gingembre, le paprika et le piment de la Jamaïque. Poursuivez la cuisson 2 minutes, jusqu'à ce que le mélange embaume. Incorporez alors le potiron et remuez bien.

3. Ajoutez les tomates avec leur jus ainsi que 25 cl d'eau et le bouillon. Portez à ébullition puis laissez frémir 20 minutes. Quand le potiron est légèrement cuit mais encore ferme, ajoutez le miel puis les haricots verts et les pois cassés. Laissez mijoter 10 minutes. Les haricots verts doivent rester croquants. Retirez la casserole du feu pour incorporer la coriandre. Vous pouvez servir ce tagine avec du couscous aux épices ou aux raisins secs et aux oignons.

312 kcal

Ratatouille de légumes rôtis et gremolata aux amandes

Pour 1 personne

Préparation 10 minutes • Cuisson 40 minutes

2 petites aubergines en morceaux
1 courgette moyenne en morceaux
1 petit poivron rouge en petits dés
1 gousse d'ail écrasée
2 c. à c. d'huile d'olive
100 g de champignons grossièrement hachés
125 g de tomates cerises coupées en deux

Gremolata aux amandes

2 c. à s. de persil plat grossièrement ciselé
2 c. à s. de basilic frais grossièrement ciselé
1 c. à c. de zeste de citron râpé
2 c. à s. d'amandes grillées et grossièrement broyées
1 gousse d'ail écrasée

1. Préchauffez le four à 200 °C (th.6-7).

2. Mélangez dans un plat les aubergines, la courgette, le poivron, l'ail et l'huile. Faites rôtir 30 minutes sans couvrir, en remuant délicatement de temps en temps. Dix minutes avant la fin de la cuisson, ajoutez les champignons et les tomates. Les légumes doivent être tendres mais encore fermes.

3. Mélangez les ingrédients de la gremolata dans un bol.

4. Servez la ratatouille chaude ou tiède, garnie de gremolata.

570 kcal

Salade de pâtes aux légumes grillés, sauce au piment

Pour 4 personnes

Préparation 25 minutes • Cuisson 30 minutes

2 poivrons rouges
2 poivrons jaunes
375 g de parpardelle
6 mini-aubergines coupées en tranches fines
2 champignons plats
180 g de fromage haloumi en tranches
1 bouquet de basilic

Sauce au piment
10 tomates olivettes coupées en deux
2 gousses d'ail pilées
4 petits piments rouges émincés
2 c. s. de crème fraîche

1. Préchauffez le four à 240 °C (th. 8).

2. Coupez les poivrons en quatre et éliminez les pépins et les membranes. Mettez-les au four, la peau tournée vers le haut, et faites-les griller 15 minutes. Laissez reposer 5 minutes puis pelez-les et coupez-les en larges lanières.

3. Faites cuire les pâtes dans un grand volume d'eau bouillante salée puis égouttez-les.

4. Huilez légèrement un gril en fonte et faites griller les aubergines, les champignons et l'haloumi en plusieurs fois, jusqu'à ce qu'ils soient dorés. Coupez les champignons en tranches épaisses et hachez le fromage en gros morceaux.

5. Mélangez délicatement les légumes, le fromage, les pâtes et le basilic dans un plat de service. Ajoutez la sauce au piment et remuez.

6. Chemisez deux plaques de cuisson de papier sulfurisé légèrement graissé. Étalez les tomates dessus et faites-les griller 20 minutes au four, jusqu'à ce qu'elles soient très tendres.
Mixez la moitié des tomates avec l'ail, le piment et la crème fraîche pour obtenir une sauce onctueuse. Hachez finement le reste des tomates et incorporez-les à la préparation.

Variante *Les parpadelle sont des pâtes très larges. Vous pouvez les remplacer par des tagliatelles ou des fettucine.*

436 kcal

Agneau au piment et à la coriandre

Pour 4 personnes

Préparation 20 minutes • Cuisson 30 minutes

1 c. s. de graines de coriandre légèrement pilées
½ c. c. d'éclats de piment séché
2 gousses d'ail pilées
4 tranches de filet d'agneau de 200 g chacune
200 g d'orge perlé (voir p. 28)
1 c. s. de curcuma moulu
3 c. s. de menthe fraîche ciselée
3 c. s. de coriandre fraîche ciselée
1 petit oignon rouge finement haché
250 g de tomates cerise coupées en quatre
60 ml de jus de citron
2 c. c. d'huile d'olive

1. Mélangez les graines de coriandre, le piment et l'ail dans un récipient et enrobez l'agneau de ce mélange. Couvrez et réfrigérez jusqu'à utilisation.

2. Faites cuire l'orge 20 minutes à découvert dans de l'eau bouillante salée. Égouttez-la, rincez-la sous l'eau froide et égouttez-la à nouveau.

3. Faites cuire les filets d'agneau sur un gril en fonte préchauffé ou au barbecue. Couvrez-les et laissez-les reposer 5 minutes avant de les découper en tranches épaisses.

4. Mélangez le curcuma, la menthe, la coriandre, l'oignon, les tomates cerise, le jus de citron et l'huile d'olive dans un saladier. Incorporez l'orge. Accompagnez l'agneau de cette salade.

415 kcal

Côtes d'agneau grillées et salade de pâtes chaude

Pour 4 personnes

Préparation 15 minutes • Cuisson 35 minutes

1 gousse d'ail pilée
1 c. s. d'origan frais finement ciselé
1 c. s. de ciboulette fraîche finement ciselée
2 c. s. de jus de citron
60 ml de vin blanc sec
12 côtelettes d'agneau

Salade de pâtes chaude

500 g de potiron détaillé en cubes de 3 cm
1 gousse d'ail pilée
1 c. s. d'huile d'olive
200 g de pâtes risoni pâte (pâtes en forme de grains de riz)
150 g de pousses d'épinards
2 c. s. de jus de citron
2 c. s. de ciboulette fraîche grossièrement ciselée
2 c. s. de feuilles d'origan frais

1. Mélangez l'ail, l'origan, la ciboulette, le jus de citron et le vin dans un saladier. Ajoutez les côtelettes, retournez-les dans cette marinade puis mettez-les au frais pendant que vous préparez la salade de pâtes.

2. Préchauffez le four à 180 °C. Disposez le potiron en une seule couche sur une plaque de cuisson. Mélangez l'ail et la moitié de l'huile, arrosez-en le potiron et faites-le cuire 15 minutes au four ; il doit être doré et tendre. Pendant ce temps, faites cuire les pâtes dans un grand volume d'eau bouillante salée ; arrêtez la cuisson et égouttez-les quand elles sont *al dente*. Mettez-les dans un saladier avec les pousses d'épinards, le potiron, le jus de citron, la ciboulette, l'origan et le reste de l'huile.

3. Égouttez les côtelettes d'agneau (jetez la marinade) puis faites-les cuire sur un gril en fonte préchauffé ou au barbecue. Servez-les accompagnées de salade de pâtes.

354 kcal

Gigot d'agneau à la harissa et légumes grillés

Pour 6 personnes

Préparation 20 minutes • Cuisson 30 minutes

3 gousses d'ail pilées
1 c. s. de zeste de citron râpé
2 c. s. de harissa
80 ml de jus de citron
1 gigot d'agneau de 1,5 kg désossé
2 poivrons rouges en gros morceaux
3 grosses courgettes en gros morceaux
8 petites aubergines en gros morceaux
1 c. c. de cumin moulu
1 c. s. de feuilles de thym frais
1 poignée de menthe fraîche grossièrement ciselée

Sauce à l'ail

1 gousse d'ail pilée
1 c. c. de cumin moulu
125 ml de babeurre
95 g de yaourt allégé

1. Pour la sauce, mélangez l'ail, le cumin, le babeurre et le yaourt dans un bocal. Fermez et agitez vigoureusement.

2. Mélangez l'ail pilé, le zeste de citron, la harissa et la moitié du jus de citron dans un saladier. Ajoutez le gigot et retournez-le plusieurs fois dans cette marinade.

3. Faites-le griller 30 minutes sur un grand gril en fonte bien chaud ou au barbecue en le retournant au moins deux fois en cours de cuisson. Quand il est à votre convenance (de préférence légèrement rosé), mettez-le dans un grand plat chaud, couvrez-le d"aluminium et laissez-le reposer 5 minutes avant de le découper en tranches épaisses.

4. Pendant la cuisson de la viande, mélangez les poivrons, les courgettes, les aubergines, le cumin et le reste du jus de citron. Faites griller ces légumes sur une autre plaque en fonte, au barbecue ou sous le gril du four. Quand ils sont bien tendres, transférez-les dans un saladier avec le thym et la menthe. Mélangez délicatement le tout.

5. Servez l'agneau nappé de sauce à l'ail. Présentez les légumes sur la même assiette ou proposez-les à part.

Info La harissa est une pâte marocaine à base de piments rouges séchés, d'huile, d'ail et de graines de carvi. On peut l'utiliser en marinade pour les viandes ou dans les sauces chaudes et froides. On la trouve en grandes surfaces.

518 kcal

Bœuf laqué au vinaigre balsamique

Pour 4 personnes

Préparation 15 minutes • Marinade 3 heures
Cuisson 15 minutes

60 ml de vinaigre balsamique
2 gousses d'ail pilées
4 faux-filets de 200 g chacun
1 kg de pommes de terre coupées en quatre dans la longueur
1 c. s. d'huile d'olive
500 g de champignons de Paris émincés
2 c. s. de vin rouge sec
1 c. s. de confiture de prune
1 c. s. de Maïzena
180 ml de bouillon de bœuf

1. Mélangez le vinaigre et l'ail dans un saladier, ajoutez le bœuf, retournez-le plusieurs fois dans cette marinade, couvrez et mettez-le au moins 3 heures au frais.

2. Préchauffez le four à 180 °C (th. 6).

3. Étalez les quartiers de pommes de terre dans un grand plat à gratin, arrosez-les d'huile et faites-les rôtir 30 minutes au four, en remuant de temps en temps. Elles doivent être dorées et croustillantes.

4. Dix minutes avant la fin de la cuisson des pommes de terre, faites griller les faux-filets sur une plaque en fonte préchauffée ou au barbecue. Sur une autre plaque légèrement huilée, faites rôtir les champignons en les retournant de temps en temps.

5. Pendant que la viande grille, portez le vin à ébullition dans une petite casserole, ajoutez la confiture et la Maïzena préalablement délayée dans le bouillon. Faites épaissir la sauce à petits bouillons sans cesser de remuer. Présentez les faux-filets sur des assiettes chaudes, nappez-les de sauce et servez sans attendre avec les pommes de terre et les champignons.

512 kcal

Filet de bœuf au poivre et bâtonnets de légumes et de polenta frits

Pour 4 personnes

Préparation 20 minutes • Réfrigération 1 heure
Cuisson 1 h 05

120 g de polenta
3 c. s. de moutarde à l'ancienne
2 c. c. de poivre noir concassé
600 g de filet de bœuf
1 grosse patate douce à chair orangé (kumara)
2 gros panais
2 grosses carottes
2 c. c. d'huile d'olive
1 poignée de persil plat frais ciselé
60 ml de vinaigre balsamique
60 ml d'eau en supplément
1 c. s. de miel

1. Huilez un moule carré assez profond. Faites cuire la polenta selon les indications. Incorporez ensuite un tiers de la moutarde puis étalez la polenta dans le moule. Couvrez et réservez 1 heure au réfrigérateur. Préchauffez le four à 180 °C (th. 6).

2. Mélangez la moitié de la moutarde restante avec le poivre et étalez le tout sur la viande. Pelez les légumes et détaillez-les en bâtonnets assez épais. Placez-les dans un grand plat, arrosez-les d'huile végétale et enfournez pour environ 10 minutes. Ajoutez le bœuf sur les légumes et cuisez encore 30 minutes pour des légumes croustillants et une viande saignante.

3. Démoulez la polenta et coupez-la en bâtonnets. Huilez-les et étalez-les sur une plaque de cuisson. Faites-les dorer au four avec le bœuf et les légumes pendant les 20 dernières minutes de cuisson. Sortez la viande du plat. Couvrez-la d'aluminium et laissez-la reposer 5 minutes avant de la découper en tranches. Transférez les légumes dans un saladier avec le persil, mélangez-les et couvrez-les pour les garder au chaud.

4. Sur le feu, déglacez les sucs du plat de cuisson en versant dedans le vinaigre et l'eau en supplément. Incorporez la moutarde et le miel puis laissez frémir 5 minutes pour que la sauce épaississe. Servez les légumes, la polenta et le bœuf nappés de sauce.

470 kcal

Côtes de veau à la confiture d'oignons

Pour 4 personnes

Préparation 15 minutes • Cuisson 40 minutes

2 c. c. d'huile d'olive
1 gousse d'ail pilée
1 c. c. de poivre noir concassé
4 côtes de veau de 200 g chacune
20 g de beurre
2 gros oignons rouges émincés
75 g de sucre roux
60 ml de vinaigre de cidre
2 c. s. de jus d'orange
2 c. c. de romarin frais ciselé
2 épis de maïs détaillés en trois tronçons
500 g d'asperges

1. Mélangez l'huile, l'ail et le poivre dans un saladier. Ajoutez le veau et enrobez-le de toutes parts de cette marinade. Couvrez et réservez au réfrigérateur jusqu'au moment de le faire cuire.

2. Faites fondre le beurre dans une poêle pour y faire revenir les oignons. Quand ils sont tendres, ajoutez le sucre, le vinaigre et le jus d'orange. Poursuivez la cuisson pendant 15 minutes pour que les oignons caramélisent. Retirez la poêle du feu et incorporez le romarin.

3. Faites griller le maïs et les asperges sur une plaque en fonte préchauffée ou au barbecue, jusqu'à ce qu'ils soient légèrement dorés. Quand ils sont cuits, gardez-les au chaud entre deux assiettes.

4. Faites cuire les côtes de veau sur la même plaque en fonte. Au moment de servir, remettez rapidement les légumes sur la grille avant de les servir avec les côtes de veau nappées de confiture d'oignons.

414 kcal

Paupiettes de veau aux champignons et au fenouil

Pour 4 personnes

Préparation 30 minutes • Cuisson 35 minutes

1 c. s. d'huile d'olive
2 gousses d'ail pilées
2 petits bulbes de fenouil finement émincés
3 champignons de Paris grossièrement émincés
125 ml de vin blanc sec
375 ml de bouillon de volaille
6 escalopes de veau de 100 g chacune
1 c. s. de persil plat frais finement ciselé

Purée au raifort

800 g de pommes de terre moyennes coupées en cubes
2 c. s. de crème de raifort
180 ml de lait écrémé chaud
2 c. s. de persil plat frais finement ciselé

1. Faites chauffer la moitié de l'huile dans une grande poêle et laissez dorer l'ail et le fenouil. Ajoutez les champignons, la moitié du vin et 125 ml de bouillon. Portez à ébullition puis laissez frémir 15 minutes, jusqu'à évaporation du liquide. Laissez refroidir 10 minutes.

2. Aplatissez les escalopes enveloppées de film alimentaire avec un maillet à viande : elles ne doivent pas dépasser 5 mm d'épaisseur. Découpez chaque escalope en deux dans la diagonale. Répartissez la préparation aux champignons sur les escalopes et roulez la viande sur la farce. Fermez chaque paupiette avec une pique en bois.

3. Préparez la purée au raifort. Faites cuire les pommes de terre. Égouttez-les puis réduisez-les en purée. Incorporez la crème de raifort, le lait puis le persil.

4. Faites chauffer l'huile qui reste pour y faire dorer les paupiettes. Versez le reste du vin dans la poêle, portez à ébullition en remuant et laissez bouillir 2 minutes avant d'ajouter le reste du bouillon. Poursuivez la cuisson à feu vif pendant 5 minutes pour obtenir une sauce épaisse.

5. Servez les paupiettes accompagnées de purée au raifort et nappées de sauce. Décorez-les de persil frais.

277 kcal

Carré de veau farci aux herbes

Pour 4 personnes

Préparation 20 minutes • Cuisson 35 minutes

1 oignon brun émincé
1 gousse d'ail pilée
½ branche de céleri émincée
45 g de chapelure
1 c. s. de moutarde de Dijon
1 c. c. de thym frais finement haché
1 c. s. de persil plat frais finement haché
1 c. c. de zeste de citron finement râpé
2 c. c. de sel de mer
2 c. c. de poivre noir frais du moulin
1 carré de veau de 4 côtes épaisses
375 ml de bouillon de bœuf
1 oignon brun grossièrement haché
2 c. c. d'huile d'olive
2 c. c. de vinaigre balsamique
125 ml de bouillon de bœuf en supplément

1. Préchauffez le four à 220 °C (th. 7-8).

2. Faites revenir l'oignon, l'ail et le céleri dans une poêle antiadhésive légèrement huilée, jusqu'à ce que l'oignon soit tendre. Ajoutez la chapelure et laissez dorer à feu moyen. Retirez du feu puis ajoutez la moutarde, les herbes, le zeste de citron, la moitié du sel et la moitié du poivre. Laissez reposer 10 minutes.

3. Avec un couteau fin, dégagez un espace dans le cœur du carré de veau, près de l'os, et farcissez la viande avec la préparation aux herbes.

4. Mettez le veau dans un plat à gratin avec le bouillon et l'oignon grossièrement haché. Arrosez d'huile d'olive et assaisonnez avec le reste de sel et de poivre. Laissez cuire 30 minutes au four. Retirez le veau du plat, couvrez-le et laissez-le reposer 10 minutes.

5. Versez le vinaigre et le bouillon en supplément dans le plat pour déglacer le jus de cuisson, en remuant bien. Versez la sauce obtenue dans une saucière. Servez le veau avec des légumes verts de votre choix et proposez la sauce à part.

463 kcal

Côtelettes de porc laquées et salade d'épinards aux noix de pécan

Pour 4 personnes

Préparation 20 minutes • Cuisson 20 minutes

125 ml de jus d'orange
55 g de sucre en poudre
2 gousses d'ail pilées
4 côtelettes de porc de 250 g chacune

Salade d'épinards aux noix de pécan
150 g de jeunes pousses d'épinards
35 g de noix de pécan grillées et concassées
150 g de pois gourmands épluchés et coupés en deux
4 oranges moyennes

Sauce aux agrumes
2 c. s. de jus d'orange
1 c. s. de jus de citron
½ c. c. de moutarde de Dijon
½c. c. de sucre en poudre
2 c. c. d'huile d'olive

1. Portez à ébullition le jus d'orange, le sucre et l'ail dans une petite casserole puis laissez frémir 10 minutes sans remuer, pour que le liquide réduise d'un tiers environ.

2. Badigeonnez les côtelettes avec une partie de ce sirop et faites-les cuire 10 minutes à feu moyen dans une grande poêle légèrement huilée, en les badigeonnant régulièrement du reste de sauce. Couvrez pour tenir au chaud.

3. Pendant la cuisson des côtelettes, préparez la salade d'épinards aux noix de pécan. Mélangez les épinards, les noix de pécan et les pois gourmands dans un grand récipient. Coupez les oranges pelées en quartier au-dessus de la salade pour récupérer le jus. Ajoutez les quartiers d'orange dans la salade et remuez doucement.

4. Au moment de servir, versez la sauce aux agrumes sur la salade, remuez délicatement et répartissez la salade sur les assiettes de service. Déposez à côté une côtelette nappée d'un peu de son jus de cuisson.

255 kcal

Paupiettes de poulet aux herbes et salade de tomates

Pour 4 personnes

Préparation 25 minutes • Cuisson 25 minutes

1 bouquet de basilic frais finement ciselé
1 c. s. d'origan frais finement ciselé
2 c. c. de thym citronné frais
2 gousses d'ail pilées
1 c. s. de zeste de citron finement râpé
4 blancs de poulet
4 tranches de jambon cru
250 g de tomates cerises
250 g de tomates poires
150 g de pousses d'épinards
2 c. s. de vinaigre de vin rouge
2 c. c. d'huile d'olive

1. Préchauffez le four à 180 °C (th. 6).

2. Mélangez soigneusement la moitié du basilic, l'origan, le thym, l'ail et le zeste de citron. Aplatissez les blancs de poulet au maillet à viande après les avoir enveloppés dans du film alimentaire. Vous devez obtenir des escalopes d'environ 5 mm d'épaisseur. Étalez la farce aux herbes dessus, enroulez l'escalope autour de cette garniture puis enroulez chaque paupiette dans une tranche de jambon cru.

3. Faites cuire les paupiettes 10 minutes dans une grande poêle légèrement huilée. Quand elles sont dorées de toutes parts, mettez-les dans un plat à rôtir et terminez la cuisson au four pendant 15 minutes.

4. Pendant ce temps, faites revenir les tomates dans la même poêle 3 minutes à feu vif. Mélangez-les avec les épinards et le reste du basilic dans un saladier. Assaisonnez avec le vinaigre et l'huile. Servez les roulades sur un lit de salade de tomates et d'épinards.

637 kcal

Pizza au poulet, aux oignons et aux figues

Pour 4 personnes

Préparation 30 minutes • Repos 45 minutes • Cuisson 55 minutes

200 g de blanc de poulet
2 c. c. d'huile d'olive
2 gousses d'ail pilées
425 g de tomates concassées en boîte
1 c. s. de polenta
100 g de fromage de chèvre
4 belles figues coupées en quatre
50 g de roquette

Pâte à pizza

2 c. c. de levure
½ c. c. de sel
375 g de farine
250 ml d'eau chaude
2 c. c. d'huile d'olive

Oignons caramélisés

1 c. s. d'huile d'olive
3 gros oignons bruns émincés
2 c. s. de sucre roux
2 c. s. de vinaigre balsamique

1. Préparez la pâte à pizza, puis les oignons caramélisés.Préchauffez le four à 180 °C (th. 6).

2. Faites dorer le poulet dans une petite poêle antiadhésive puis laissez-le refroidir 10 minutes avant de l'émincer. Pendant ce temps, faites chauffer l'huile dans une petite casserole pour y faire revenir l'ail. Quand il embaume, ajoutez les tomates et leur jus, portez à ébullition puis laissez épaissir 15 minutes à feu moyen.

3. Faites chauffer l'huile dans une poêle pour y faire revenir les oignons. Quand ils sont tendres, saupoudrez-les de sucre et versez le vinaigre. Remuez puis laissez cuire 15 minutes à feu doux pour que le mélange caramélise. Remuez de temps en temps.

4. Saupoudrez la polenta sur une plaque de cuisson. Divisez la pâte à pizza en deux et abaissez chaque moitié sur une surface légèrement farinée pour former deux fonds de 30 cm de diamètre. Placez ces fonds sur la plaque et répartissez dessus la sauce tomate et les oignons caramélisés.

5. Faites cuire les fonds 10 minutes au four. Répartissez le poulet, le fromage de chèvre et les figues dessus avant de poursuivre la cuisson pendant 5 minutes : la pâte doit être croustillante. Agrémentez chaque pizza de roquette avant de servir.

562 kcal

Poulet au thym et au citron, riz pilaf aux épinards et aux petits pois

Pour 4 personnes

Préparation 10 minutes • Marinade 10 minutes
Cuisson 50 minutes

4 blancs de poulet
1 c. s. de thym frais grossièrement haché
2 c. c. de zeste de citron râpé
1 c. s. de jus de citron
1 c. s. d'huile d'olive
1 oignon brun émincé
1 gousse d'ail pilée
300 g de riz basmati complet
625 ml d'eau
750 ml de bouillon de poulet
150 g d'épinards frais
125 g de petits pois surgelés
2 c. c. de thym frais grossièrement haché en supplément
1 c. s. de zeste de citron râpé en supplément

1. Mélangez le poulet, le thym, le zeste de citron, le jus de citron et la moitié de l'huile dans un récipient. Remuez pour bien imprégner la viande de marinade, couvrez et laissez mariner 10 minutes au réfrigérateur.

2. Faites chauffer le reste d'huile dans une sauteuse et faites revenir l'oignon et l'ail en remuant, jusqu'à ce que l'oignon soit tendre. Ajoutez le riz et laissez cuire 1 minute sans cesser de remuer. Quand le riz est translucide, versez l'eau et le bouillon puis portez à ébullition. Baissez le feu et laissez mijoter 45 minutes jusqu'à complète absorption du liquide.

3. Huilez un gril en fonte et faites griller les blancs de poulet jusqu'à ce qu'ils soient dorés et bien cuits à l'intérieur. Couvrez et laissez reposer 5 minutes puis découpez-les en tranches épaisses.

4. Incorporez au riz les épinards, les petits pois, le thym et le zeste de citron supplémentaires. Remuez pendant 2 minutes sur le feu. Répartissez le riz dans les assiettes de service puis garnissez de tranches de poulet. Servez aussitôt.

328 kcal

Poulet au miel et salade de fenouil et céleri à la crème

Pour 4 personnes

Préparation 20 minutes • Cuisson 30 minutes

2 c. s. de miel
2 c. c. de moutarde de Dijon
4 blancs de poulet

Salade de fenouil et céleri à la crème
2 bulbes de fenouil
3 branches de céleri en tranches fines
quelques feuilles de persil plat frais ciselé
2 c. c. de moutarde de Dijon
2 c. s. de jus de citron
2 c. s. de crème aigre allégée
2 gousses d'ail pilées
75 g de mayonnaise allégée

1. Mélangez le miel et la moutarde dans un bol. Badigeonnez les blancs de poulet avec la moitié de cette sauce et faites-les cuire 15 minutes à feu doux, dans une grande poêle légèrement huilée. Badigeonnez-les régulièrement avec le reste de sauce.

2. Pendant la cuisson du poulet, préparez la julienne de fenouil et de céleri. Épluchez le fenouil et réservez la valeur d'une cuillerée à soupe de feuilles. Émincez-le finement puis mettez-le avec le céleri et le persil dans un saladier. Mélangez la moutarde, le jus de citron, la crème aigre, l'ail et la mayonnaise dans un bol. Nappez la salade de cette sauce et remuez.

3. Servez le poulet avec la julienne. Utilisez les feuilles de fenouil réservées pour décorer.

572 kcal

Brochettes de lotte et couscous aux amandes et au citron

Pour 4 personnes

Préparation 25 minutes • Marinade 45 minutes
Cuisson 10 minutes

1 petite poignée de coriandre fraîche ciselée
2 gousses d'ail pilées
2 c. s. d'huile d'olive
2 petits piments rouges épépinés et émincés
60 ml de jus de citron
800 g de filets de lotte, de thon ou d'espadon détaillés en gros cubes
375 ml de bouillon de volaille
300 g de semoule
1 poignée de feuilles de coriandre fraîche
1 c. s. de citron en saumure finement haché
35 g d'amandes effilées grillées

1. Mélangez la coriandre, l'ail, l'huile, le piment et le jus de citron dans un bol. Versez la moitié de cette marinade dans un saladier, ajoutez les morceaux de poisson et remuez pour les enrober de sauce. Enfilez-les ensuite sur les brochettes avant de disposer ces dernières en une seule couche dans un grand plat. Couvrez et réservez 45 minutes au réfrigérateur.

2. Faites cuire les brochettes 5 minutes sur un gril en fonte préchauffé ou au barbecue.

3. Pendant ce temps, faites chauffer le bouillon dans une casserole. Dès les premiers bouillons, retirez la casserole du feu, versez la semoule en pluie régulière, remuez rapidement, couvrez et laissez reposer 5 minutes. Quand tout le liquide est absorbé, aérez la graine à la fourchette et ajoutez le reste de marinade, les feuilles de coriandre, le citron et les amandes. Remuez délicatement. Servez les brochettes avec la semoule.

Pour cette recette, *il vous faudra huit brochettes en bambou à faire tremper dans l'eau au moins 1 heure avant emploi pour éviter qu'elles ne brûlent.*

108 kcal

Feuilles de vigne farcies à l'espadon et salsa de tomates

Pour 4 personnes

Préparation 20 minutes • Cuisson 20 minutes

16 feuilles de vignes
4 filets d'espadon de 200 g chacun

Salsa de tomates
3 gousses d'ail pilées
1 bouquet de persil plat grossièrement haché
½ bouquet de ciboulette grossièrement haché
3 tomates olivettes grossièrement hachées
70 g d'olives noires dénoyautées et coupées en quatre
2 c. s. de câpres égouttées
2 c. c. d'huile d'olive

1. En vous aidant d'une pince en métal, trempez les feuilles de vigne dans de l'eau bouillante salée, rincez-les rapidement à l'eau froide et égouttez-les sur du papier absorbant.

2. Étalez 4 feuilles de vigne sur le plan de travail en les faisant se chevaucher puis placez un filet de poisson dessus et rabattez les feuilles de vigne pour former une papillote. Répétez l'opération avec le reste des ingrédients. Disposez ensuite les papillotes en une seule couche dans un panier vapeur très légèrement huilé et faites-les cuire 15 minutes au-dessus d'une casserole d'eau frémissante.

3. Préparez la salsa de tomates en mélangeant tous les ingrédients dans un saladier.

4. Dressez les papillotes dans les assiettes de service, ouvrez-les délicatement et garnissez de salsa. Servez aussitôt.

Info *Les feuilles de vigne sont très couramment utilisées dans la cuisine grecque ou du Moyen-Orient. Vous pouvez vous les procurer dans les épiceries spécialisées.*

Les desserts

350 kcal

Meringues au sucre roux et bananes au caramel

Pour 4 personnes

Préparation 15 minutes • Cuisson 1 heure

3 blancs d'œuf
220 g de sucre roux
3 c. c. de Maïzena
3 c. c. de vinaigre blanc
1 c. c. d'extrait de vanille
10 g de beurre
80 ml de crème allégée
55 g de sucre roux en supplément
2 bananes en tranches fines

1. Préchauffez le four à 120 °C (th. 4).

2. Montez les blancs en neige dans un petit saladier. Ajoutez 165 g de sucre cuillerée par cuillerée et continuer de fouetter pour obtenir un mélange ferme et lisse. Incorporez enfin la Maïzena, le vinaigre et l'extrait de vanille.

3. Répartissez la meringue dans quatre moules à tartelettes et faites cuire 1 heure au four, sans couvrir.

4. Pendant la cuisson des meringues, faites fondre le beurre dans une petite casserole puis ajoutez la crème et le sucre restant. Portez à ébullition puis réduisez le feu et laissez frémir 2 minutes pour faire épaissir le caramel.

5. Répartissez les tranches de banane sur les meringues et nappez le tout de caramel.

179 kcal

Pavlova roulée aux fruits exotiques

Pour 10 personnes

Préparation 25 minutes • Cuisson 20 minutes

4 blancs d'œufs
165 g de sucre en poudre
1 c. c. de Maïzena
1 c. c. de vinaigre blanc
1 c. c. d'extrait de vanille
1 c. s. de sucre glace
300 ml de crème fraîche allégée
1 grosse banane coupée en tranches fines
2 kiwis épluchés et coupés en tranches fines
la pulpe de 4 fruits de la Passion

1. Préchauffez le four à 160 °C (th. 5-6). Graissez un moule à gâteau peu profond puis chemisez le fond et les côtés de papier sulfurisé. Laissez ce dernier dépasser de 5 cm sur les grands côtés.

2. Montez les blancs d'œufs en neige. Quand le mélange est ferme, incorporez cuillerée par cuillerée le sucre glace, sans cesser de fouetter, puis la Maïzena, le vinaigre et l'extrait de vanille. Vous devez obtenir une préparation blanche, très ferme et lisse. Étalez-la dans le moule et faites-la cuire 20 minutes au four.

3. Démoulez la meringue sur une feuille de papier sulfurisée saupoudrée de la moitié du sucre glace. Retirez délicatement le papier sulfurisé qui tapissait le moule et coupez les bords de la meringue pour les égaliser.

4. Fouettez la crème et le reste du sucre glace dans un petit saladier jusqu'à l'obtention d'une texture assez épaisse. Étalez cette préparation sur la meringue encore tiède. Disposez les fruits au centre puis roulez la meringue en vous aidant du papier sulfurisé. Mettez ce dessert au frais jusqu'au moment de le servir en tranches épaisses.

314 kcal

Pain brioché aux fruits rouges

Pour 4 personnes

Préparation 20 minutes • Cuisson 5 minutes

450 g de pain brioché
250 g de fraises en tranches fines
150 g de framboises
150 g de myrtilles
1 c. s. de sucre glace

Coulis de mûres
300 g de mûres congelées
40 g de sucre glace
60 ml d'eau

1. Préparez le coulis de mûres : mélangez tous les ingrédients dans une casserole et faites-les chauffer à feu moyen jusqu'au point d'ébullition. Réduisez alors le feu et laissez frémir 3 minutes. Versezle coulis dans un récipient pour qu'il refroidisse au moins 10 minutes.

2. Détaillez le pain brioché en 12 tranches de 1 cm d'épaisseur puis découpez ces dernières en disques avec un emporte-pièce. Mélangez les fruits rouges dans un saladier.

3. Disposez en couches successives dans quatre assiettes une tranche de brioche, un tiers des fruits rouges, une autre tranche de brioche, un autre tiers des fruits rouges, enfin une dernière tranche de brioche et le reste des fruits rouges. Nappez de coulis de mûre et saupoudrez de sucre glace. Servez aussitôt.

189 kcal

Diplomate aux cerises

Pour 4 personnes

Préparation 15 minutes
Réfrigération 30 minutes • Cuisson 10 minutes

1 c. s. de sucre en poudre
1 c. s. de kirsch
425 g de cerises noires dénoyautées en boîte
2 c. c. de Maïzena
1 c. s. d'eau
60 g de fromage frais allégé
200 g de yaourt allégé
4 biscuits à la cuiller coupés en deux

1. Mettez le sucre, le kirsch et les cerises dans une casserole et faites chauffer à feu doux jusqu'à dissolution du sucre. Portez à ébullition puis retirez du feu et réservez dans un récipient 150 ml de sirop à la cerise.

2. Remettez sur le feu la casserole avec le reste du sirop, ajoutez la Maïzena délayée dans l'eau et portez à ébullition en remuant. Quand la sauce commence à épaissir, retirez la casserole du feu et laissez refroidir 10 minutes.

3. Battez soigneusement le fromage frais et le yaourt dans un récipient.

4. Trempez les biscuits un à un dans le sirop réservé puis répartissez-les dans quatre coupes. Ajoutez un peu de sauce puis le mélange au yaourt. Couvrez et réfrigérez 30 minutes avant de servir.

214 kcal

Fondants au chocolat et coulis au café

Pour 12 fondants

Préparation 15 minutes • Cuisson 20 minutes

50 g de cacao en poudre
220 g de sucre roux
85 g de chocolat noir grossièrement râpé
2 jaunes d'œufs
30 g de d'amandes en poudre
50 g de farine complète
4 blancs d'œufs

Coulis au café
165 g de sucre roux
180 ml d'eau
1 c. s. de café soluble

1. Préchauffez le four à 160 °C (th. 5-6). Graissez légèrement 12 moules à muffins.

2. Mélangez le cacao tamisé et le sucre dans un saladier. Incorporez 125 ml d'eau bouillante, puis le chocolat et mélangez jusqu'à obtention d'une pâte homogène. Ajoutez enfin les jaunes d'œufs, les amandes en poudre et la farine.

3. Montez les blancs en neige ferme dans un saladier puis incorporez-les en deux fois au mélange chocolaté. Répartissez cette préparation dans les moules à muffins et faites cuire 20 minutes au four.

4. Pendant la cuisson des muffins, préparez le coulis au café. Versez l'eau et le sucre dans une casserole et laissez chauffer à feu doux jusqu'à dissolution du sucre. Portez à ébullition puis réduisez le feu et laissez frémir 15 minutes sans remuer. Quand le sirop a épaissi, incorporez le café soluble, mélangez bien puis versez le coulis dans une saucière ou dans un pot à lait.

5. Laissez reposer les muffins 5 minutes avant de les démouler sur assiette. Nappez-les de coulis au café chaud et servez sans attendre.

285 kcal

Strudels aux fruits d'été

Pour 4 personnes

Préparation 20 minutes • Cuisson 25 minutes

2 pêches coupées en quartiers fins
2 nectarines coupées en quartiers fins
2 c. s. de sucre roux
80 g de raisins secs
1 ½ c. c. de cannelle moulue
½ c. c. de noix de muscade moulue
25 g de chapelure
6 feuilles de pâte filo
20 g de beurre fondu
2 c. s. de lait écrémé
2 c. c. de sucre glace

1. Mélangez les pêches, les nectarines, le sucre roux, les raisins, la cannelle, la noix de muscade et la chapelure dans un saladier.

2. Préchauffez le four à 200 °C (th. 6-7). Graissez une plaque de cuisson et chemisez-la de papier sulfurisé.

3. Badigeonnez les feuilles de pâte filo de beurre fondu et de lait mélangés puis superposez-les. Coupez ce feuilletage en deux bandes, dans la longueur, puis répartissez les fruits mélangés au centre de chaque bande. Roulez la pâte sur les fruits pour enfermer cette garniture, puis mettez les strudels sur la plaque de cuisson après les avoir légèrement badigeonnés du reste de mélange beurre-lait.

4. Faites cuire les strudels 25 minutes au four. Quand ils prennent une belle couleur dorée, sortez-les du four. Coupez-les en deux et déposez une moitié de strudel sur chaque assiette à dessert. Saupoudrez-les de sucre glace et servez sans attendre.

Sorbets aux fruits des tropiques

Pour 4 personnes

Préparation 20 minutes • Cuisson 10 minutes • Congélation 4 heures

110 g de sucre en poudre
2 blancs d'œufs
des fruits de votre choix

1. Faites chauffer le sucre et 125 ml d'eau dans une casserole jusqu'à dissolution du sucre. Portez à ébullition puis baissez le feu et laissez frémir 5 minutes sans remuer. Transférez ce mélange dans un récipient et laissez refroidir 10 minutes.

2. Mixez les fruits choisis pour obtenir environ 500 ml de coulis. Incorporez ce dernier au sirop de sucre.

3. Versez le mélange dans un moule rectangulaire, couvrez d'une feuille d'aluminium et congelez au moins 3 heures.

4. Au robot ou au batteur électrique, fouettez le sorbet avec les blancs d'œufs puis remettez le tout dans le moule. Laissez prendre au moins 1 heure au congélateur.

La préparation de base des sorbets est donnée pour 4 personnes. N'utilisez que l'un des trois parfums proposés pour ces proportions. Si vous souhaitez essayer chaque parfum, triplez les proportions de la recette de base.

Ananas
Pour 4 personnes

157 kcal

Mixez 1 petit ananas épluché et grossièrement haché puis suivez la recette de base.

Kiwi
Pour 4 personnes

175 kcal

Mixez 7 kiwis pelés et coupés en morceaux puis suivez la recette de base.

Mangue
Pour 4 personnes

203 kcal

Mixez 3 petites mangues pelées, dénoyautées et coupées en morceaux puis suivez la recette de base.

221 kcal

Yaourt glacé aux fruits de la Passion

Pour 4 personnes

Préparation 10 minutes • Cuisson 5 minutes
Congélation 3 heures

110 g de sucre en poudre
1 feuille de gélatine
560 g de yaourt allégé
la pulpe de 6 fruits de la Passion

1. Mélangez le sucre et 60 ml d'eau dans une casserole. Laissez chauffer à feu doux jusqu'à dissolution du sucre. Versez le sirop dans un récipient.

2. Faites tremper la gélatine dans un peu d'eau froide pour qu'elle s'assouplisse puis mélangez-la au sirop en remuant bien, jusqu'à dissolution complète.

3. Ajoutez dans le récipient le yaourt et la pulpe de fruits de la Passion. Versez ensuite cette préparation dans un moule rectangulaire peu profond et couvrez d'une feuille d'aluminium. Faites raffermir la glace 1 heure au réfrigérateur. Quand elle commence à prendre, fouettez-la à la fourchette. Répétez l'opération deux fois. Servez la glace en boules dans des coupes à dessert. Accompagnez d'un coulis de fruits de la Passion ou de mangue.

186 kcal

Figues caramélisées et yaourt aux épices

Pour 4 personnes

Préparation 10 minutes • Cuisson 10 minutes

280 g de yaourt allégé
35 g de pistaches grillées concassées
1/4 de c. c. de noix de muscade moulue
1 c. s. de sucre en poudre
6 grosses figues fraîches
1 c. s. de miel

1. Mélangez le yaourt, les pistaches, la noix de muscade et le sucre dans un saladier.

2. Coupez les figues en deux dans la longueur et badigeonnez de miel les faces coupées.

3. Faites cuire les figues dans une grande poêle antiadhésive, face coupée vers le bas, puis retournez-les et laissez-les dorer 5 minutes. Servez les figues accompagnées du yaourt aux épices.

Idées coupe-faim

33 kcal

Torsades au parmesan et aux graines de pavot

Pour 24 pièces

Préparation 15 minutes • Cuisson 15 minutes

1 feuille de pâte feuilletée coupée en deux
1 jaune d'œuf
1 c. s. de graines de pavot
2 c. c. de graines de moutarde
1 c. c. de paprika doux
½ c. c. de sel
2 c. s. de parmesan frais finement râpé

1. Préchauffez le four à 200 °C (th. 6-7). Graissez deux plaques de cuisson et garnissez-les de papier sulfurisé.

2. Badigeonnez de jaune d'œuf une moitié de la pâte feuilletée sur une seule face et saupoudrez-la avec la moitié des graines de pavot et de moutarde mélangées, du paprika et du sel. Pliez-la en deux dans la longueur, badigeonnez-la de jaune d'œuf et saupoudrez-la avec la moitié du parmesan. Repliez-la à nouveau en deux et pressez fermement. Faites de même avec l'autre moitié de pâte feuilletée.

3. Découpez les deux feuilletés en 24 bandes. Torsadez chaque bande en pinçant les bords. Disposez les torsades sur les plaques de cuisson et faites-les cuire 15 minutes au four, jusqu'à ce qu'elles soient légèrement dorées.

446 kcal

Pop-corn au caramel et à l'orange

Pour 4 personnes

Préparation 5 minutes • Cuisson 30 minutes

330 g de sucre en poudre
1 c. s. d'huile végétale
115 g de grains de maïs
1 c. s. de zeste d'orange grossièrement râpé

1. Mélangez le sucre et 375 ml d'eau dans une casserole à fond épais et faites chauffer à feu doux en remuant, jusqu'à dissolution du sucre. Portez à ébullition puis réduisez le feu et poursuivez la cuisson 25 minutes, sans remuer, pour obtenir un caramel d'une belle couleur dorée.

2. Pendant ce temps, faites chauffer l'huile dans une grande casserole. Ajoutez les grains de maïs, couvrez hermétiquement et laissez cuire 5 minutes en secouant la casserole de temps en temps, jusqu'à ce que le maïs saute. Graissez légèrement un plat à rôtir, étalez les pop-corn dedans et saupoudrez-les de zeste d'orange.

3. En travaillant rapidement, nappez le pop-corn de caramel et remuez avec une cuillère en inox. Laissez-le refroidir 5 minutes avant de le répartir dans les bols de service.

Bruschette à la salade de thon

Pour 1 personne

Préparation 5 minutes • Cuisson 2 minutes

2 tranches de ciabatta
95 g de thon en boîte
1 c. à s. de mayonnaise allégée
½ oignon rouge finement haché
1 c. à s. de persil plat ciselé

1. Mélangez le thon bien égoutté, la mayonnaise, l'oignon rouge et le persil.

2. Faites griller légèrement 2 tranches de ciabatta et garnissez-les de salade au thon.

Bruschette au jambon, tomate et avocat

Pour 1 personne

Préparation 5 minutes • Cuisson 25 minutes

2 tranches de pain
2 tomates
quelques dés d'avocat
50 g de jambon en petits morceaux

1. Préchauffez le four à 180 °C. Mettez dans un petit plat les tomates coupées en deux et saupoudrées de sucre. Faites-les cuire 20 minutes au four.

2. Faites griller 2 tranches de pain et répartissez dessus les dés d'avocat, le jambon et les moitiés de tomates grillées.

Bruschette aux crevettes et mayonnaise au citron

Pour 1 personne

Préparation 10 minutes • Cuisson 2 minutes

2 fines tranches de ciabatta
roquette
8 crevettes cuites hachées grossièrement
2 c. à s. de mayonnaise allégée
2 c. à c. d'aneth
1 c. à c. de zeste de citron râpé

1. Préparez la sauce en mélangeant la mayonnaise allégée, l'aneth et le zeste de citron râpé.

2. Faites griller 2 fines tranches de ciabatta. Répartissez dessus un peu de roquette, et les crevettes mélangées avec la mayonnaise.

Bruschette au poulet et au chutney de mangue

Pour 1 personne

Préparation 5 minutes • Cuisson 2 minutes

2 tranches de ciabatta
100 g de blanc de poulet fumé
détaillé en fines lanières
10 g de pousses de salade mélangée
1 c. à s. de chutney de mangue
mayonnaise allégée

1. Faites griller légèrement les tranches de ciabatta. Étalez dessus un peu de mayonnaise allégée puis garnissez-les avec le blanc de poulet fumé, les pousses de salade mélangées et le chutney de mangue.

Dip aux betteraves

Pour 1 personne

Préparation 5 minutes

230 g de betterave cuite
70 g de yaourt au lait de brebis
1 botte de ciboulette

1. Mixez la betterave et le yaourt.

2. Décorez cette sauce de ciboulette ciselée.

Dip aux carottes

Pour 1 personne

Préparation 10 minutes • Cuisson 10 minutes

1 carotte moyenne grossièrement râpée
125 ml de jus d'orange frais
2 c. à s. de yaourt au lait de chèvre
1 c. à s. de menthe fraîche ciselée
1 c. à s. de raisins de Corinthe
1 cm de gingembre frais râpé

1. Faites cuire la carotte et le jus d'orange 10 minutes à feu doux, jusqu'à ce que le liquide s'évapore. Laissez refroidir 10 minutes.

2. Mixez cette préparation avec le yaourt puis incorporez la menthe, les raisins secs et le gingembre.

Hoummos

Pour 1 personne

Préparation 5 minutes • Cuisson 15 minutes

375 ml d'eau
300 g de pois chiches en boîte égouttés et rincés
2 c. à s. de jus de citron frais
1 gousse d'ail coupée en quatre

1. Mélangez dans une casserole les pois chiches avec 375 ml d'eau. Laissez bouillir 10 minutes sans couvrir. Égouttez-les au-dessus d'un saladier pour récupérer 80 ml de liquide de cuisson. Laissez-les refroidir 10 minutes.

2. Mixez les pois chiches avec le jus de citron, l'ail et le liquide de cuisson récupéré.

3. Vous pouvez agrémenter cet hoummos de persil plat haché.

Raïta

Pour 1 personne

Préparation 10 minutes

140 g de yaourt au lait de brebis
½ concombre libanais en petits dés
1 c. à s. de coriandre fraîche ciselée
1 gousse d'ail écrasée
2 c. à c. de jus de citron frais

Mélangez tous les ingrédients dans un bol.

Jus d'orange et gingembre

Pour 1 verre

Préparation 5 minutes

3 oranges moyennes
2 cm de gingembre frais râpé

Pressez les oranges et versez le jus obtenu dans un verre. Ajoutez le gingembre et remuez.

Jus de pastèque et menthe

Pour 1 verre

Préparation 5 minutes

450 g de pastèque sans la peau et épépinée
4 feuilles de menthe fraîche

Mixez les ingrédients jusqu'à obtention d'un mélange velouté et servez le jus obtenu dans un verre.

Jus de pêche et framboise

Pour 1 verre

Préparation 5 minutes

1 grosse pêche en morceaux
35 g de framboises

Mixez les fruits jusqu'à obtention d'un mélange velouté. Versez le jus obtenu dans un verre et ajoutez 125 ml d'eau. Mélangez bien.

Jus de fruits rouges

Pour 1 verre

Préparation 5 minutes

3 fraises
40 g de myrtilles
35 g de framboises

Mixez les fruits avec 80 ml d'eau jusqu'à obtention d'un mélange velouté. Servez le jus obtenu dans un verre.

Jus d'ananas, orange et fraise

Pour 1 verre

Préparation 5 minutes

1 petite orange pelée et détaillée en quartiers
150 g d'ananas frais en morceaux
2 fraises

Passez l'orange, l'ananas et les fraises à la centrifugeuse. Versez le jus obtenu dans un verre, ajoutez 60 ml d'eau et mélangez.

Jus d'orange, carotte et céleri

Pour 1 verre

Préparation 5 minutes

1 grosse orange pelée et coupée en quartiers
1 grosse carotte en morceaux
1 branche de céleri grossièrement hachée

Passez l'orange, la carotte et le céleri à la centrifugeuse. Servez le jus obtenu dans un verre.

Jus de betterave, carotte et épinard

Pour 1 verre

Préparation 5 minutes

1 petite betterave pelée
1 petite carotte en rondelles
20 g de pousses d'épinards

Passez la betterave, la carotte et les feuilles d'épinards à la centrifugeuse. Versez le jus obtenu dans un verre. Allongez-le avec 125 ml d'eau et remuez bien.

Jus d'orange, mangue et fraise

Pour 1 verre

Préparation 5 minutes

2 petites oranges
1 petite mangue en morceaux
3 fraises coupées en deux

Pressez les oranges. Mixez la mangue et les fraises. Mélangez dans un verre le jus d'orange et les fruits mixés.

Smoothie fraise, miel et lait de soja

Pour 1 verre

Préparation 5 minutes

120 g de fraises
125 ml de lait de soja
1 c. à s. de miel

Mixez les ingrédients pour obtenir un mélange mousseux. Versez le jus obtenu dans un verre.

Jus de bette, pomme et céleri

Pour 1 verre

Préparation 5 minutes

1 feuille de bette parée et hachée
1 grosse pomme en quartiers
1 branche de céleri parée et hachée

Passez les ingrédients à la centrifugeuse. Servez le jus obtenu dans un verre.

Jus de pomme et poire

Pour 1 verre

Préparation 5 minutes

1 pomme coupée en quartiers
1 poire coupée en quartiers

Passez les ingrédients à la centrifugeuse. Servez le jus obtenu dans un verre.

Jus de mangue et pamplemousse

Pour 1 verre

Préparation 5 minutes

1 petit pamplemousse
1 petite mangue coupée en morceaux

Pressez le pamplemousse. Mixez la mangue avec 60 ml d'eau. Mélangez le jus de pamplemousse et la mangue mixée dans un verre.

Jus de pomme et céleri

Pour 1 verre

Préparation 5 minutes

2 petites pommes vertes en quartiers
1 branche de céleri parée et grossièrement hachée

Passez les ingrédients à la centrifugeuse. Servez le jus obtenu dans un verre.

Jus d'orange, gingembre et ananas

Pour 1 verre

Préparation 5 minutes

1 orange moyenne
200 g d'ananas frais en morceaux
2 cm de gingembre frais

Pressez l'orange. Mixez l'ananas et le gingembre. Mélangez le jus d'orange et la purée d'ananas dans un verre.

Jus d'ananas, gingembre et menthe

Pour 1 verre

Préparation 5 minutes

400 g d'ananas frais en morceaux
1 grosse poignée de menthe fraîche
1 cm de gingembre frais

Passez les ingrédients à la centrifugeuse. Servez le jus obtenu dans un verre.

Jus de raisin noir et poire

Pour 1 verre

Préparation 5 minutes

1 poire moyenne en quartiers
175 g de raisin noir épépiné

Passez les ingrédients à la centrifugeuse. Servez le jus obtenu dans un verre.

Jus de mandarine

Pour 1 verre

Préparation 5 minutes

300 g de mandarines

Pressez les mandarines sur un presse-agrume. Servez le jus obtenu dans un verre.

Jus de kiwi et raisin blanc

Pour 1 verre

Préparation 5 minutes

3 kiwis coupés en quatre
70 g de raisin blanc épépiné

Mixez les ingrédients jusqu'à obtention d'un mélange velouté. Servez le jus obtenu dans un verre.

Jus de pamplemousse et orange sanguine

Pour 1 verre

Préparation 5 minutes

2 petites oranges sanguines
1 petit pamplemousse

Pressez les oranges et le pamplemousse. Servez le jus obtenu dans un verre.

Jus de tangelo et gingembre

Pour 1 verre

Préparation 5 minutes

2 tangelos moyens
2 cm de gingembre frais râpé

Pressez les tangelos. Versez le jus obtenu dans un verre et ajoutez le gingembre râpé.

Jus de poire et gingembre

Pour 1 verre

Préparation 5 minutes

2 poires moyennes en quartiers
2 cm de gingembre frais

Passez les ingrédients à la centrifugeuse. Servez le jus obtenu dans un verre.

Jus de bette, carotte et gingembre

Pour 1 verre

Préparation 5 minutes

2 carottes moyennes en rondelles
240 g de bettes sans les tiges
2 cm de gingembre frais

Passez les ingrédients à la centrifugeuse. Servez le jus obtenu dans un verre.

Smoothie banane et lait de soja

Pour 1 verre

Préparation 5 minutes

250 ml de lait de soja
1 petite banane en morceaux

Mixez les ingrédients jusqu'à obtention d'un mélange velouté. Servez ce smoothie dans un verre.

Jus d'orange, carotte et gingembre

Pour 1 verre

Préparation 5 minutes

2 oranges pelées et détaillées en quartiers
1 petite carotte en rondelles
2 cm de gingembre frais

Passez les oranges, la carotte et le gingembre à la centrifugeuse. Servez le jus obtenu dans un verre.

Table des recettes

marabout**chef**

Vous avez choisi *120 recettes pour rester mince*,
découvrez également :

21 jours pour mincir
Salade Bar
Poissons et Crustacés faciles

TESTÉ 3 FOIS • SUCCÈS GARANTI • TESTÉ 3 FOIS

Et toute la collection Marabout Chef :

BIEN-ÊTRE

120 recettes pour rester mince
21 jours pour mincir
Recettes gourmandes pour diabétiques

ENTRE AMIS

Apéros et mini-bouchées
Barbecue & grillades
Cakes salés et sucrés
Verrines salées et sucrées
Brunchs gourmands
Cocktails avec et sans alcool
Macarons & petits biscuits
Pizza party !
Un dîner parfait

PRATIQUE

Recettes vite prêtes
Bocaux, confitures & chutneys maison
Gratins, lasagnes & crumbles salés
Les basiques de la cuisine française
Les meilleurs desserts
Salade Bar
Spécial machine à pain
Poissons et Crustacés faciles
Sauces, vinaigrettes & Salsa
Recettes minute à la cocotte
Spécial pomme de terre
Spécial étudiants

CUISINE DU MONDE

Cuisine d'Asie
Cuisine du Japon
Cuisine indienne
Cuisine d'Italie
Spécial Maroc
Spécial Wok
Sushis & Cie
Cuisine thaï pour débutants

Publié pour la première fois en Australie par ACP Books, département de ACP Magazines Ltd.

Hachette Livre (Marabout) – 43, quai de Grenelle – 75905 Paris Cedex 15.

Mise en pages : les PAOistes.

Achevé d'imprimer en août 2012 par Canale Bucarest, Roumanie.
ISBN : 978-2-501-07235-9 / 4076410/02 - Dépôt légal : mai 2011